A li… nweider

Di… gesehen

Die Schweiz von außen gesehen

Herausgegeben von
Alice Vollenweider

Mit Beiträgen von Georges Borgeaud,
Alice Ceresa, Yla Margrit von Dach,
Ursicin Derungs, Jürg Federspiel,
Hugo Loetscher, Paul Nizon, Kuno Raeber,
Beat Sterchi und Laurent Wolf

Benziger

Dieses Buch entstand mit Unterstützung
des Büros des Delegierten
700 Jahre Eidgenossenschaft

Umschlaggestaltung von H+C Waldvogel
unter Verwendung des Bildes «Hommage à
Jo Siffert» von Jean Tinguely

ISBN 3 545 36496 8

Inhalt

Alice Vollenweider

Vorwort

Die Emigration der Künstler hat in der Schweiz eine ältere Tradition als das sprichwörtliche Im-Lande-Bleiben und Sich-redlich-Nähren. Das hängt in erster Linie damit zusammen, daß das Land so klein ist, daß man darin keine größeren Reisen unternehmen kann, ohne die Grenzen nach Deutschland, Österreich, Italien oder Frankreich zu überschreiten. An dieser realen räumlichen Begrenztheit liegt es auch, daß Künstler und Schriftsteller darauf angewiesen sind, im größeren Kulturraum Verlage, Auftraggeber, Förderung und ein Publikum zu finden. Daß es im Kleinstaat aber auch eine geistige Enge gibt – Paul Nizon hat sie vor zwanzig Jahren in seiner Streitschrift «Diskurs in der Enge» denunziert –, welche den Weg ins Ausland als Fluchtweg nahelegt, das beweisen die zahlreichen Schriftsteller und Künstler, die aus der Schweiz ausgewandert sind oder als Teilzeit-Emigranten und Reisende mehr im Ausland als im Inland leben.
Diese helvetischen Ausreißer, Verweigerer und Kosmopoliten für ein Buch zu gewinnen, in dem sie die Schweiz aus ihrer andern Perspektive schildern, war die Absicht des vorliegenden Bandes. Sie sehen die Schweiz nicht nur punktuell aus einer anderen Perspektive, wie jemand, der eine Reise macht oder die Ferien im Ausland verbringt: ihr Blick auf die Confoederatio Helvetica ist durch die gelebte Erfahrung eines andern Standortes geprägt, zu der auch die

Auseinandersetzung mit den Vorstellungen gehört, die man in ihrer Wahlheimat von der Schweiz hat, wie das in Federspiels «Schmelzenden Gletschern der Reinheit» besonders deutlich wird.

Die Namen der Autoren, die sich beteiligt haben, sind – wie meistens bei solchen Unternehmungen – dem Glück des Zufalls zu verdanken. Daß die Schriftsteller der französischen und der italienischen Schweiz untervertreten sind, heißt nicht, daß es unter ihnen keine Emigranten oder Weltreisende gäbe, sondern nur, daß diese im Zeitpunkt der Anfrage keine Zeit oder keine Lust hatten, über ihr Verhältnis zur Schweiz zu schreiben.

Ebenso pragmatisch wurde die Sprachenfrage gelöst: da nur drei Texte französisch waren, entschloß man sich, diese – in der Hoffnung auf die Zweisprachigkeit der interessierten Leserschaft – in der Originalsprache zu lassen. Der Text Alice Ceresas wurde aus dem Italienischen übersetzt, was nicht als Diskriminierung der dritten Landessprache gewertet werden soll, sondern als realistische Einschätzung der viersprachigen Schweiz, der sich auch der rätoromanische Autor Ursicin Derungs anschloß, indem er seinen Beitrag freiwillig auf deutsch verfaßte.

Die Autoren haben zur Darstellung der von außen gesehenen Schweiz die verschiedensten Formen gewählt: Hugo Loetscher hat Albrecht von Haller als Schriftsteller mit Emigrationserfahrung interviewt; Paul Nizon und Laurent Wolf haben in Paris einen Briefwechsel geführt; Ursicin Derungs verfaßte ein Hörspiel, dessen Schauplatz Mailand ist; Alice Ceresa steuerte einen Lexikonartikel über die Schweiz bei, der aus ihrem «Kleinen Wörterbuch der weiblichen Ungleichheit» stammt; andere haben Essays, Impressionen oder Notizen geschrieben.

Trotz dieser Vielfalt an Formen, trotz der Verschiedenheit

der Autoren in Sprache, Herkunft, Alter und Temperament hat das Bild der Schweiz, das sie entwerfen, viel Ähnlichkeit mit demjenigen, das Friedrich Dürrenmatt in seiner letzten Rede in die Metapher des Gefängnisses faßte, in dem jeder Gefangene zugleich sein eigener Wärter ist. Pünktlichkeit, Sauberkeit, Rechtschaffenheit, Unfreude, Unbeweglichkeit sind die Stereotypen, die in fast allen Beiträgen auftauchen, ob nun Kuno Raeber in seinem Essay den unheilvollen Geist von 1291 beklagt, der die Eidgenossenschaft vom großen Kulturraum des deutschen Kaiserreichs abspaltete und in eine «seelenverkrümmende Abwehrhaltung» fixierte, oder Alice Ceresa den sturen, steinigen Charakter der Schweizer mit der geologischen Beschaffenheit des Alpenraums in Verbindung bringt.

Einigkeit herrscht auch mehrheitlich darüber, daß Skandale, Geldwäscherei und Drogenszene die verdrängte Kehrseite der schönen Ordnung darstellen, daß die politische Rhetorik der Verdrängung des Unbequemen gilt, und dazu paßt schließlich auch, daß Zensur und Schnüffelstaat in der Eidgenossenschaft, wie das Beispiel Albrecht von Hallers zeigt, eine ehrwürdige Tradition haben.

Mit der viersprachigen Willensnation Schweiz haben die meisten Autoren Mühe; die einzige Ausnahme ist Georges Borgeaud, der die Verschiedenheit schweizerischer Schauplätze im Rückblick an seinen Aktivdienst als Reichtum erinnert. Für die andern ist Heimat nur der Ort, die Stadt, die Landschaft, in der man aufgewachsen ist: Laurent Wolf, der aus La Chaux-de-Fonds stammt, zeigt am Beispiel der sportlichen Anteilnahme, wie kompliziert und kleinräumig die lokalen und regionalen Identifikationsmechanismen spielen.

Als Ausgleich, als notwendige Ergänzung zu dieser regionalistischen Perspektive erscheint in fast allen Beiträgen die

Hoffnung auf Europa und das Bewußtsein, daß sich die Schweiz im neuen Gleichgewicht dieser Völkergemeinschaft nicht als Sonderfall isolieren darf, sondern als Normalfall eingliedern muß. Das ist die Chance für die Zukunft, oder, wie Beat Sterchi am Ende seiner «Kleinen Taschenmythologie» sagt, vielleicht werde es gelingen «jene berühmte Enge, die uns so viel Lebendigkeit kostet, die auch so oft beklagt wird, aber eigentlich nur noch in den Köpfen existiert, zu sprengen, um die Schweiz endlich aus dem Mittelpunkt der Welt zu entlassen, wo man sie uns in unseren Kinderphantasien angesiedelt hat».

Kuno Raeber

Die Schweiz – Verstrickung und Widerstand

Versuch einer Klärung

Vor einiger Zeit, als ich die Gedanken für diese Niederschrift zu sammeln anfing, hatte ich einen Traum, der wie der Strahl eines Scheinwerfers meinen historisch-politischen Standort beleuchtete. Wie eine Veranstaltung meines Unterbewußtseins, um mir die Aufgabe zu erleichtern.
Ich wache im Kinderzimmer an der Luzerner Morgartenstraße auf. Geweckt hat mich Marschmusik, die von der Straße heraufklingt. Es ist der Radetzkymarsch. Und schon höre ich auch die Stimme meiner Mutter von der Tür her rufen: «Steh auf, Kunöli, komm schauen, die Besatzung ist abgezogen, und sie sind zurückgekommen aus Mailand.» Es ist mir sofort klar, was gemeint ist. «Die Besatzung», das sind die eidgenössischen Truppen. Die «zurückkommen», das sind die Österreicher, die, nachdem sie Luzern schon im 14. Jahrhundert aufgeben mußten, noch jenseits der Alpen im lombardisch-venezianischen Königreich stehen. Es ist also das Jahr 1847 oder 48, nach dem von Luzern und seinen Verbündeten verlorenen Sonderbundskrieg. Sofort springe ich – ich trage das fußlange Barchentnachthemd meiner Kinderzeit, bin also vielleicht vier oder fünf Jahre alt – aus dem Bett, meine Mutter nimmt mich am Händchen und führt mich auf den Balkon, der mit Ausblick nach drei Seiten um die Ecke des Hauses läuft. Alles, so weit man sehen kann, ist voll von Menschen, Kopf an Kopf. Sie schwenken flache

Hüte, wie man sie von alten Photographien kennt, werfen sie in die Luft. Und jetzt verstummt die Musik auf einmal. Dafür Bewegung vorn, von der Pilatusstraße her. Dort teilt sich die Menge, und hoch zu Roß reitet der General Fürst Schwarzenberg – der Sonderbund soll ihn sich zum Oberbefehlshaber gewünscht haben; doch England, da dies gegen die Wiener Kongreßakte sei, protestierte – reitet in die Morgartenstraße ein, gerade auf unser Haus, auf den Balkon, auf mich zu. Und ich bemerke auf einmal, daß ich meine häßliche Kinderbrille trage, große, kreisrunde Gläser, die von Hornschleifen, die sich um meine Ohren winden, festgehalten werden. Ich möchte in den Boden versinken: Was denkt wohl der Fürst Schwarzenberg, wenn er mich sieht? Diese Sorge beschäftigt mich, während die Menge die Hüte senkt und die Haydn-Hymne anstimmt. Feierlich wogt sie herauf. Meine Mutter wischt sich die Tränen aus den Augen und fällt in den Gesang ein. Ich aber sehe auf einmal unten in der Menge, auf der anderen Seite der Straße, meinen Klassenkameraden Richard Martin – er ist ein großer Junge, wie damals in der Schule, als ich mich mit ihm heftig über Politik stritt. Ich rufe zu meiner Mutter, die mich noch immer am Händchen hält, hinauf: «Schau, Mami, der Richard ist da und singt auch, das ist ja wie am 13. März.» Sie ermahnt mich unwirsch: «Hör auf zu reden und sing auch wie die andern!» Und ich singe brav und falle gerade noch, laut plärrend, ein in den letzten Vers der Hymne: «Gott beschütze, Gott erhalte unsern Kaiser, unser Land.» Und dann wachte ich wirklich auf. Das Morgenlicht stand, wie am Anfang des Traums, hinter dem Vorhang und war daran, hereinzukommen ins Zimmer, das aber nicht mehr das Luzerner Kinderzimmer war, sondern meine Wohnung in München.

Zeitweise glaubte ich, die Schweiz nur von außen, von sehr weit her zu sehen. Dann aber fand ich sie immer wieder, irritiert und verwundert, in meinem Innern. Wie ein Organ, als ein Teil meiner selbst. Was hat es auf sich mit diesem Ärgernis? Denn wenn eine solch irrationale , eine solch ungewollte Zugehörigkeit kein Ärgernis ist, was sonst ist dann ein Ärgernis?
Nicht nur über den Stadttoren Luzerns, auch über dem Portal der Stifts- und Hofkirche zu Sankt Leodegar – es waren zwölf Stellen in der Stadt, wenn ich richtig zählte – fraß immer noch der schwarze Adler aus seinem goldenen Teller. Wie schön war doch dieses Sinn- und Mahnbild, im Unterschied jedenfalls zu dem weißen Kreuz, das, schwimmend in einer Blutsauce, selbstgefällig von allen Fahnenstangen wehte. Fette weiße Kreuze in roter Sauce blähten sich bei allen Gelegenheiten, am 1. August natürlich, aber auch bei Schützen- und Musik- und Trachtenfesten. Nicht zu vergessen die sogenannten Schlachtjahrzeiten zur Erinnerung an jene, die in den blutigen Raufereien liegengeblieben waren zwischen Bauern und Rittern, zwischen Bürgern und Rittern, zwischen Bürgern und Bauern auf der einen Seite und anderen Bürgern und Bauern auf der anderen Seite, und hier und dort waren dann manchmal auch ein paar Ritter dabei: Alles in allem ein schreckliches Durcheinander in jenen wirren Zeiten, deren man, zu meiner Verwunderung, bei Sauerkraut und Bier und Blasmusik und Bratwürsten immer wieder beflissen gedachte.
Doch über den Toren, an den Zeughäusern, in den Giebeln der Holzbrücken sah ich nirgendwo den dicken Kreuzkraken, höchstens einmal eine schmale, bescheidene Vorform davon am Rand als Panier eines pluderhosigen Landsknechts. Sonst war da immer nur der Adler. In seinem goldenen Zelt stand er über den Ein- und Ausgängen der Stadt

und erinnerte an den größten Tag ihrer Geschichte. Man fand es in der Schule nicht einmal nötig, uns das genaue Datum zu sagen, geschweige denn, er wäre, wie jene kindischen Raufereien, jemals gefeiert worden. Damals, im Jahre 1415, schenkte der König und spätere Kaiser Sigismund der Stadt die Reichsfreiheit und als Zeichen dafür das Recht, den römischen Adler im Wappen zu führen. Luzern war damit aufgenommen in den Kreis der freien, von keiner Lokalgewalt abhängigen Städte, der von Florenz und Siena über Basel und Straßburg und Nürnberg bis nach Lübeck reichte. Der Adler bedeutete die Einheit der Welt, die universale Gewalt, die die Freiheit der Stadt schützte, erhielt, legitimierte. So weist er bis heute und gerade heute hin auf die Föderation, die Eidgenossenschaft aller Völker, die das Römische Reich vorgebildet hatte und deren schwieriger, aber unaufhaltsamer Entstehung wir eben beiwohnen.

Die Stadt ruhte fortan im Reich wie, um es mit einem mittelalterlichen Bild auszudrücken, die menschliche Seele in der Gnade Gottes. Dabei hatte sie Spielraum genug, um sich mit anderen Reichsgliedern in regionalen Eidgenossenschaften, wie das häufig vorkam, zu verbinden. Doch nie und keinesfalls gegen das Reich. Unsere Lehrer, in denen dieses Tabu, trotz der Verstörungen der letzten Jahrhunderte, immer noch nachwirkte, suchten uns denn auch das Bündnis Luzerns mit den Bergbauern über dem See zu rechtfertigen, indem sie versicherten, es sei nicht gegen das Reich gerichtet gewesen, sondern es habe im Gegenteil dessen Ordnung gegen die Übergriffe des Feudaladels verteidigen wollen.

Die Reichsfreiheit, so gesehen, war zweifellos auch eine Waffe, eine nachträgliche Rechtfertigung im damals, zu Anfang des 15. Jahrhunderts, schon weithin abgeschlossenen Kampf gegen Habsburg. Aber sie bedeutete, im Unterschied zu dem, was ich den Geist von 1291 nennen möchte, nicht Rückzug, nicht Trennung, sondern Öffnung. Der Weg vom Beitritt zum Schweizer Bund 1334 zur Reichsfreiheit, durch die jener Beitritt 1415 erst eigentlich rechtskräftig wurde, führte insofern in eine andere Richtung, als die künftige Entwicklung es dann immer entschiedener tat. Und wenn die Anlehnung an das ja bereits in seiner langen Agonie liegende Reich ein Vorwand gewesen sein sollte, ersähe man daraus doch, daß man einen solchen Vorwand noch nötig hatte. Kürzlich fand ich auf dem Frontispiz einer Schweizer Chronik des frühen 16. Jahrhunderts, ich glaube aus dem Jahre 1515, den Doppeladler in einem Kreis, den die Wappen der Dreizehn Orte bildeten: das Römische Reich als die Mitte, auf die sich alles bezog, als das Ordnungsprinzip, das man, wenigstens grundsätzlich, immer noch anerkannte.

Das Reich zerfiel, verblaßte auch als Idee immer mehr. Die partikularen, zentrifugalen Kräfte traten immer dreister hervor. Letztlich zogen die Schweizer mit den aus dem Feudalwesen emporgetauchten Fürsten an einem Strang. «Wir wollen keine fremden Richter haben», Vorzeichen der Xenophobie? Als dann der Fürstenstaat seine Tendenz allmählich umzukehren und im Territorialstaat selbst zu übergreifenden Ordnungen hinzudrängen begann, als dann im Absolutismus und vollends im Nationalstaat des 19. Jahrhunderts neue Übergangsformen von kleinräumigen zu universalen Bildungen versucht wurden, schraken die Schweizer, treu dem Geist von 1291, wieder zurück. Sie ergriffen die Gelegenheit und schlossen sich, wie die anderen in ihren Großräumen, in ihrem Winkel ein. Mit der Ausbildung des geschlossenen Versorgungs- und Berechtigungsstaates mit seinem ausgeprägten Selbstbewußtsein gewann seit den Weltkriegen die Abkapselung gleichsam eine höhere Dimension. Wie eine fest verpichte, wohlvertäute Arche, äquidistant nach allen Seiten, schaukelt die Schweiz in der europäi-

schen See. In der deutschen Schweiz zumindest verkam die Idee der Nationalität zur Folklore.
Sogar der den Schweizern des 19. Jahrhunderts so teure Telltrompeter Schiller wurde zum «Ausländer». Es ist mir schon mehrmals passiert, daß man mich fragte, welche «Schweizer Autoren» für meine Entwicklung wichtig gewesen seien. Als ob das eine Kategorie wäre, als ob es so etwas wie eine Schweizer Literatur gäbe. Müßige Frage, nachdem es doch schon die Solothurner Literaturtage gibt, wo sich die Schweizer, säuberlich abgetrennt von der übrigen Literaturwelt, in ihrem Wasserglas tummeln und sich dabei wie Walfische vorkommen. Jemandem aus Berlin oder Frankfurt oder Wien wird dann als «ausländischem Gast» ein großer Sonderauftritt gestattet, was den Geruch der Provinzialität nur noch verstärkt. Wohin ist es gekommen mit uns, nein, nicht seit Gottfried Keller, der sich kaum damit begnügt hätte, über Solothurn bloß stillschweigend den Kopf zu schütteln, nein, nur schon seit den fünfziger Jahren, als immerhin bei Hans Rudolf Hiltys St. Galler Literaturtreffen noch Autoren aus allen Teilen des deutschen Sprachgebiets auftraten, ohne daß man sie in In- und Ausländer einteilte. Wie heute noch in Klagenfurt oder Kranichstein zum Beispiel.

Für mich jedenfalls gibt es nach wie vor, im Rahmen der Weltliteratur, keine schweizerische oder österreichische oder sächsische, sondern nur eine deutsche Literatur. Als Europäer, als Schweizer deutscher Sprache finde ich es absurd, ausgerechnet in einem Augenblick, in dem die Grenzen, trotz dem Widerstand der Ängstlichen und Kleinmütigen, von Tag zu Tag durchlässiger werden, die tausend Jahre lang unbestrittene Zugehörigkeit des Großteils der Schweiz zur deutschen Sprach- und Kulturgemeinschaft in Frage zu

stellen. Zugunsten eines Sonderbewußtseins, das so, außerhalb der staatlichen Sphäre, nie existierte.
Für das, was die Schweiz meint, was sie, wenn auch noch nicht sehr lange, erst seit Mitte des 19. Jahrhunderts sein will, für einen übernationalen Vielvölkerstaat gab es ja ein Modell in Europa. In unmittelbarer Nachbarschaft der Schweiz, dem gleichen Kern entwachsen wie sie, ihr Gegenbild und Beispiel, gab es Österreich. Darin erschien die Fortbildung des Sacrum Imperium mit seinem universalen Anspruch sehr viel überzeugender, nicht bloß als ein Flickenteppich aus abgerissenen Randfetzen, die man, um den eigenen Kleinraum abzuschirmen, zusammengerafft hatte. Diese unstillbare Sorge um «Freiheit und Unabhängigkeit», diese seelenverkrümmende Abwehrhaltung, die den Schweizern als Volk und als Einzelwesen so sehr zur zweiten Natur geworden ist, daß derjenige, der nicht längere Zeit außerhalb der Grenzen des Landes gelebt hat, es gar nicht mehr merkt!
Österreich hingegen, von Friedrich III. bis zu Franz-Josef, war ein großer Entwurf, eine umfassende Komposition. Man schaue sich nur, als zufälliges Beispiel für eine der Epochen seiner Geschichte, die Europakarte von 1850 an. Außer den deutschen Kronländern gehörten zu Österreich Böhmen, Mähren, Großungarn mit Kroatien, Dalmatien und Siebenbürgen, der ganze Süden des alten Polen mit Krakau und Lemberg und, als Prunkstück der Monarchie, das lombardisch-venezianische Königreich mit Venedig und Mailand. Größe ist nicht nur für den Staat, da mögen die Schweizer das Lob der Kleinheit noch so laut singen, sondern für den Geist überhaupt, der wie jener zum Universalen drängt, eine Tugend.
Vielen Schweizern des 19. Jahrhunderts fehlte der Sinn dafür nicht. Wenn aber etwa für Gottfried Keller und C. F.

Meyer das Bismarckreich gleichsam die Erfüllung der Geschichte war, die der neuen Zeit angepaßte Wiederherstellung des mittelalterlichen Reiches als moderner Nationalstaat, so komme ich von einer anderen, antipreußischen und antiprotestantischen Erfahrungslinie her, die immer nebenher mitlief. In der Welt meiner Kindheit verschmolzen die partikularistischen und alteidgenössischen Affekte der Sonderbundszeit auf kuriose Weise mit einem an Österreich orientierten Großdeutschtum: die sonderbündische Innerschweiz als Anhängsel des in Habsburg fortlebenden Heiligen Reiches. Zu Hause sprach man von Zita und Otto wie von – zwar entfernten und sehr viel vornehmeren – Verwandten, erhoffte man die Heiligsprechung Kaiser Karls. Wenn ich aber am Grab des Radikalenführers Kasimir Pfyffer auf dem alten Friedhof hinter der Hofkirche vorbeikam, spuckte ich darauf.

Diese Politphantasien billigten meiner Schweiz immerhin mildernde Umstände zu, verwischten den Makel des Separatismus, der ihr als Geburtsfehler anhaftete, wenigstens zum Teil. AEIOU, was nun das rätselhafte Motto des Hauses Österreich auch immer besagte, seine beiden Deutungen begleiteten mich als magische Formel. In der Schule nannte man mich mit nachsichtigem Spott «Austriacus».

Aber 1938 war ich weit und breit der einzige, der den Anschluß Österreichs nicht mißbilligte. Österreich war, so sah ich es, 1918 untergegangen. Der übriggebliebene Rest, Wien mit den Alpenländern, konnte wenigstens einen Teil seiner Identität und seiner historischen Funktion wiedergewinnen, wenn er zu seiner Ausgangsposition zurückkehrte, also vor 1866, ja vor 1648, und sich in das politische Deutschland, aus dem Österreich nicht nur hervorgegangen war, sondern das es über lange Zeit hin geradezu verkörpert hatte, wiedereinfügte. Schon damals ging es mir um etwas – relativ – Uni-

versales, im Gegensatz zum gerade auch damals hochgepriesenen Rückzug auf das Lokale. Der Kleinstaat, für mich allenfalls eine der Kaprizen, die sich die Geschichte zuweilen gestattet, wurde von den Schweizern zum Ideal, zum Fetisch erhoben. Nach dem Krieg noch verkündete in Basel Professor Wackernagel, jeder Staat, der größer sei als ein französisches Departement, sei von Übel.
Die Schweiz wäre am besten, so meinte ich, im 14. Jahrhundert in Vorderösterreich aufgegangen. Damit hätte sie auch, so vermutete ich, ihr deutsches Wesen entschiedener bewahrt, als sie das späterhin tat.
Und so fand ich mich doch, unversehens, in der Nachfolge Kellers und Meyers als später, wenn auch keineswegs enthusiastischer Bismarckanhänger wieder. Ähnlich wie der Österreicher Hitler. Aber Hitler war auch die Rache für Hubertusburg und Königgrätz und schien, für einen Moment, das zu versöhnen, was sich seit vierhundert Jahren entzweit hatte. Preußen mit Österreich, das protestantische mit dem katholischen, das neue mit dem alten Deutschland. Szenen, wie sie in meinem Traum anklangen, die Proklamation des Anschlusses auf dem Heldenplatz, der Einzug im weißen österreichischen Generalsrock auf dem Hradschin, dem Sitz Karls IV. und Rudolfs II., diese Szenen sind mir unvergeßlich geblieben und werden es bleiben. Gefühle haben weder recht noch unrecht. Wir können sie bloß konstatieren. Heute, 1990, da Hitler endgültig historisch geworden und der noch zu Anfang des letzten Jahres heftige Historikerstreit gleichsam über Nacht vorbei und vergessen ist, tun wir uns leichter mit jener nunmehr vorletzten Phase.
Wurden Gottfried Keller und C. F. Meyer, dieser vor allem, durch Bismarck zu Deutschen, genauer: näherten sie sich Deutschland wieder an in dem Maße, als das Schweizer des 19. Jahrhunderts eben konnten, so hatte ich, von meinen

katholisch-austrophilen Bedingungen her, einen größeren Widerstand zu überwinden. Aber die Realität, wie sie sich nun einmal seit 1866 darstellt, zwang mich zu einer wenigstens lauen Annahme und Anerkennung der Bismarckschen Lösung, die sich ja eben heute wieder bestätigt. Der kleindeutsche Nationalstaat, der im Augenblick, in dem ich dies schreibe, wiederersteht, wird wohl für den Rest meines Lebens, solange es Europa nicht gibt, am ehesten Gefühle in mir zu wecken und zu nähren vermögen, die man früher als Patriotismus oder Nationalgefühl kannte und die heute, in meinem Umkreis zumindest, derart obsolet geworden sind, daß sich kaum mehr jemand zu ihnen zu bekennen wagt. Ich tue es denn auch nur mit schlechtem Gewissen, verweise entschuldigend auf die Prägung, die ich in meiner Jugend erfuhr. Damals streckte ich auf Eisenbahnreisen den Kopf zum Fenster hinaus und sang das Deutschlandlied gegen Fahrwind und Fahrlärm an. Ich lache, wenn ich daran zurückdenke, lache auch, wenn ich, was ich seit dem November 1989 gelegentlich tue, sozusagen aus Pietät dem Jungen gegenüber, der ich einmal war, aus Spaß an der Wiederholung der Jugend im Alter, wieder das Deutschlandlied singe. Nur ist es heute, wegen der veränderten Zeiten und wegen meiner Feigheit auch und aus dem Bedürfnis nach Harmonie mit der Welt, meist die dritte Strophe, die ich vor mich hinsinge, wenn ich im Englischen Garten oder an der Isar gehe, über die Schulter zurückschauend, damit mich ja niemand dabei ertappe.

Wenn ich mich dann aber bei den Schweizern umsehe, fällt mir gleich ihr ungebrochener Patriotismus auf. Sogar die allzeit kritischen Intellektuellen stoßen sich höchstens an Lappalien wie Fichen, Waffenverkäufen und Bankkonten. Aber sonst? Ich kenne viele Menschen, die nicht an Gott glauben, einen Schweizer, der nicht an die Schweiz glaubt, kenne ich nicht.

Daß ich an diesem Gemeinschaftsgefühl, an dieser Art säkularer Religion nicht teilnehmen kann, beunruhigt mich seit jeher. Ist es die Rom-Idee, die mich bestimmt und die sich in einer universalistischen, in der Spätantike begründeten und im Mittelalter, im Barock, in der Aufklärung immer wieder erneuerten Vorstellung von der richtigen politischen Organisation der Welt niederschlug? Andererseits war mir die Aufklärung ohne Ergänzung und Vertiefung durch ihr romantisches Gegenprinzip nie nachvollziehbar. Der Herdersche Volksgeist verkörperte sich mir im Straßburger Goethe, «Es schlug mein Herz, geschwind zu Pferde», überwältigte mich, als ich dann endlich, mit vierundzwanzig Jahren, das Straßburger Münster mit den Augen des Autors der Proklamation «Von deutscher Baukunst» sah. Geflohen aus Paris, an dessen herrischer Pose und ausschließendem Anspruch ich mich ein Vierteljahr lang wundgerieben hatte, stand ich wie vor einer Offenbarung vor dem Gründungsdenkmal des modernen deutschen Nationalbewußtseins, das ja, wie jedes Nationalbewußtsein, eine Art imaginäres Museum ist: Die Exponate werden von den Erbauern und Konservatoren aus dem riesigen Fundus der Geschichte ausgewählt und, entsprechend beschildert, aufgestellt. Aber auch dieser Seitenpfad führte mich, und auch hier war mir Goethe vorangegangen, wieder nach Rom. Ich brachte es, nicht ohne Mühe, zustande, die von Bismarck über die Kultur- und Sprachnation Goethes gestülpte politische Einheit gleichsam als eine Schrumpfform Roms, des Imperiums, das nicht sterben kann, zu verstehen. Eine Regressionsstufe nach dem Zerfall: Deutschland, die wie auch immer definierte Nation trat in die Lücke, die Novalis' «Christenheit oder Europa» gelassen hatte. Europa widmete ich schon im Som-

mer 1944, für einen Sammelband des jungen Arche Verlags, einen elegischen Abgesang. Mit einer antipreußischen Spitze. Die Schweiz kam darin nicht vor.
Daneben gab es die andere Idee, die das Jahrhundert vielleicht mehr noch bestimmte als alle nationalen Ideologien. Der Sozialismus als Allumarmung der Menschheit in der klassenlosen Gesellschaft paßte zu meinem Weltstaat. Obwohl ich darin Konturen, Abstufungen, Hierarchien vermißte. Der Faschismus, worunter ich ausschließlich das Ventennio Mussolinis in Italien verstehe, befriedigte meinen jugendlich ästhetisierenden Aristokratismus schon eher. Mehr Sympathien aber hatte ich, darin ganz konform mit meiner Luzerner Umgebung, für den sogenannten Christlichen Ständestaat in Österreich. Jedenfalls fiel ich immer gleich wieder auf die sinnlich faßbaren, plastischen Gestalten zurück: Deutschland, Europa, die Eine Welt (Leitidee spätestens seit dem Eintritt der Vereinigten Staaten in den Zweiten Weltkrieg) beschäftigten mich mehr als ein abstraktes, wenn auch noch so logisch konstruiertes Gesellschaftsmodell. Den Staat, wie er auch immer organisiert sein mochte, begriff ich zuerst als Repräsentant einer Macht, die mehr war als nur der Wille der Mehrheit seiner Bürger. Er hat für meine in dieser Hinsicht wohl archaische Seele auch heute noch numinosen Charakter. Obwohl ich natürlich weiß, daß der Hase in ganz anderer Richtung läuft, daß die Staaten von Tag zu Tag mehr Banken, Wohlfahrtsämtern und Versicherungsanstalten gleichen als Kathedralen. Aber es geht bei dieser Bestandesaufnahme ja nicht nur um die Welt, wie sie wirklich ist, sondern ebensosehr um die Spiegelung, den Widerhall in meinem Innern.

Was aber hat die Schweiz mit all dem zu tun? Ist sie mir einfach entfallen, durch die Finger geschlüpft? Bin ich etwa ein Snob, den nur die großen Gegenstände zu fesseln vermögen und der sich weigert, die kleine Schweiz zur Kenntnis zu nehmen? Und doch ist es unbestreitbar, daß sie, wie Deutschland in Heines vielzitiertem Gedicht, durch meine Nächte rumort.

Das liegt sicher nicht an den demokratischen Institutionen, die ich immer aus skeptischer Distanz betrachtete, obwohl alle Bewunderer der Schweiz, und zwar nicht erst heute, sondern seit über zweihundert Jahren, sich nicht genugtun konnten, diese zu preisen. Wer von ihnen kannte schon die boshafte Bemerkung meines Luzerner Landsmanns und Namensvetters Kuno Müller, daß «es schon eines großen Aufwands an Geschichtswissenschaft bedarf, um diese Verhältnisse», unter denen die Schweizer bis zum Ende des 18. Jahrhunderts von ihrer Aristokratie «so ausschließlich wie nur ein Volk von einem absoluten Herrscher regiert wurden, demokratisch zu nennen»?

Nein, solche Dinge, so bedenkenswert ich sie finde, waren es nicht, die meine Empfindlichkeit reizten, Haß oder Liebe erregten. Die Schweiz als Ganzes, so sehr ich Luzern liebte, und später auch Basel, hatte in mir keine Realität, blieb körperlos, eine Maschine, tot, und war trotzdem allgegenwärtig mit ihrem Anspruch, daß ich ihr diene wie einem Moloch: in endlosen Luftschutzübungen und Waldläufen, mit Kartoffelpflanzen und Heuernten. Und zuletzt noch im Militärdienst. Es gab kein Gefühl in mir, das diese Mühen gerechtfertigt hätte.

Die Schweiz kam mir immer als eine Abweichung vor, als eine Häresie, als ein Schisma zumindest, wie die nördlichen Niederlande oder Katalonien oder die Tschechoslowakei oder Irland. Ich litt unter der Auflösung der Gestalt, der Verwischung der Konturen. Dabei ist der Reiz der Idylle nicht zu bestreiten. Ob man Berichte aus dem 17. Jahrhundert liest oder an die Zeit der beiden Weltkriege denkt: Die Schweiz ging aus den Sintfluten unbeschadet hervor, stieg heil und wohlhabend am jenseitigen Ufer des Geschichtsstroms, wo die andern zerlumpt und mit gebrochenen Gliedern herumlagen und sich die Wunden verbanden, an Land. Aber was ist der Preis, den sie dafür bezahlte? Nichts weniger als die Welt, die Zugehörigkeit zu ihr, die Teilhabe an der Geschichte. Die Schweiz, in diesem Jahrhundert vollends, aber das fing schon viel früher an, wurde zur Ausnahme schlechthin. Indem sie sich den Kämpfen zwischen den Nachbarn entzog, entgingen ihr auch deren Erfahrungen. Sie vermied nicht nur die Fehler der andern, sondern blieb auch ausgespart von der durch die Folgen der Fehler erzwungenen Reifung. Ich meine durchaus nicht, daß die Schweiz sich hätte in die Kriege einmischen sollen. Aber ihr doppelgesichtiges Verhängnis war es, daß sie allein keine führte und so außerhalb der Konflikte blieb, die unsere Welt veränderten. Sie wurde von der Geschichte allenfalls mitgeschleppt, ohne daß sie aktiven Anteil hatte an ihrer Bewegung. Das ungeheure Glück wurde am Ende zum Fluch. Die Schweiz bewahrte ihre Seele unbefleckt von der Welt, indem sie sich im weißen Särglein ihrer Neutralität hinter Rotem Kreuz und Weltpostverein und UNO, den förmlichen Beitritt zu dieser freilich ängstlich vermeidend, und anderen Organisationen versteckte. Doch ohne die Sünden der ersten Jahrhunderthälfte gäbe es keine Vereinten Nationen und keine KSZE und keine Europäische Gemeinschaft. Und all dies gibt es heute trotz der Schweiz und an der Schweiz vorbei.

Dennoch, trotz dem düsteren Anschein glaube ich, daß sich dieses zwar falsch angelegte, aber perfekt funktionierende Gebilde auf die Dauer dem großen Frieden nicht entziehen kann. Denn die Schweiz kennt ja den Frieden bisher ebensowenig wie den Krieg. Sie verweigert, getreu dem Geist von 1291, die Kooperation, die uneingeschränkte Mitarbeit in den inter- und übernationalen Organisationen, worin jeder von seiner Souveränität einen Teil zugunsten des Ganzen abtreten muß. Sie verhält sich nicht anders als damals, da sie es vorzog, dem Heiligen Reich, dem sie von Anfang an zugehörte, den Rücken zu kehren, als sich dem Schwäbischen Reichskreis, der als eine rein defensive Organisation in einem regionalen Sicherheitssystem gedacht war, einzugliedern oder die Urteile des Reichskammergerichts anzuerkennen.

Trotz alldem weckt, wider allen Anschein, gerade das Jahr 1291 und die von seinem Mythos abgeleitete Tradition auch etwas Hoffnung. Der große Friede Europas, der in der Europäischen Gemeinschaft, und der Weltfriede, der in den Vereinten Nationen seine Form und Fassung sucht, beides beruht auf dem föderativen Prinzip, das als ein Erbe des Römischen Reiches die Eidgenossenschaft, freilich unter Ausschließung alles Unzugehörigen, all dessen, was, wie jene armen Richter aus dem Aargau oder aus dem Sundgau, als «fremd» abgelehnt wurde. Trotzdem, die genossenschaftliche, föderative Tradition der Schweiz berechtigt zu einer kleinen Hoffnung, daß sie, die ja ihrem Wesen nach sammelnd, vereinigend ist, sich neu kräftige, Vitalität und Mut gewinne und die Erstarrung der Jahrhunderte überwinde. Es wäre sonderbar, wenn ausgerechnet die Schweiz sich der konsequenten Weiterentwicklung des Föderalismus zu einem universalen Friedensinstrument verweigerte.
Ein Leitartikel in der «Neuen Zürcher Zeitung» zum 1. August 1990 ließ mich aufhorchen. «Die doppelte Zugehörigkeit, aus der die italienische Schweiz ihre Funktion als Vermittlerin zwischen den Kulturen ableitet, diese Doppelbür-

gerschaft, die nach Muschg die deutsche Schweiz verloren hat, ist etwas fundamental Schweizerisches.» Carl Spitteler wird herangezogen mit seiner berühmten Rede vom August 1914, worin es heißt, in der langen Friedenszeit sei gänzlich vergessen worden, daß es zwischen der Schweiz und Deutschland etwas wie eine Grenze gebe. Ich traute, als ich den Artikel las, kaum meinen Augen. Beginnt vielleicht ein Umdenken, wagt man vielleicht, wenn auch noch so zaghaft, sich des anderen, besseren Zustands, der mit dem Ersten Weltkrieg endete, zu erinnern? Nachdem man jahrzehntelang, in der Genugtuung darüber, daß der «Graben» zwischen der deutschen und der welschen Schweiz zugeschüttet worden sei, übersehen hatte, daß die für diese Operation benötigte Erde offenbar vom Rhein herangeschafft wurde. Seither gibt es den Graben zwischen der deutschen Schweiz und Deutschland. Er wurde von Jahrzehnt zu Jahrzehnt nur immer tiefer.

Es gibt enthusiastische Lobredner dieses Vorgangs. Ihnen gefällt daran vor allem, daß die Schweiz, auch der Landesteil deutscher Sprache, sich dadurch immer mehr Frankreich und französischen Einflüssen geöffnet habe, im Unterschied zur vorangehenden Epoche der «Germanophilie». Die Abschottung gegen Deutschland hingegen beunruhigt sie offenbar nicht. Es ist sogar eher anzunehmen, daß diese gewollt war. Nach dem alten psychologischen Muster: Flucht vor dem Nächsten und Zugehörigen und Verwandten in die Arme des Fernen und Fremden, aus Angst, jenem sonst anheimzufallen, von ihm verschlungen zu werden. Wer weiß denn schon noch, daß die Schweiz sich bis tief ins letzte Jahrhundert hinein für ein deutsches Land hielt, daß die offizielle Bundessprache bis 1848 nur Deutsch war, daß sogar im 17. und 18. Jahrhundert, in der Zeit des französischen Quasiprotektorats, bei der regelmäßigen Erneuerung der

Verträge in Versailles der Orator der Schweizer Gesandtschaft den König von Frankreich immer nur deutsch ansprach, worauf dieser dann französisch antwortete? Während heute, und auch das, vermute ich, ist vielen Schweizern nicht bekannt, Parlamentarier und Diplomaten, ja sogar Bundesräte, wenn sie vor internationalen Gremien, und gar im Ausland, deutsch, oder auch italienisch, sprechen wollen, von Beamten des EDA zurechtgewiesen werden, sie hätten gefälligst französisch zu reden. Ähnliches habe ich auch in Schweizer Kulturinstituten im Ausland, nicht in Frankreich, gesehen: Redner aus der deutschen Schweiz wurden, zu ihrem Befremden, aufgefordert, ihren Vortrag französisch zu halten. Für die Bundesbürokratie in Bern scheint in der Tat das Französische die einzige offizielle Sprache zu sein. Dazu würde auch passen, was vor einigen Jahren kolportiert wurde: Außenminister Genscher habe zu einem Besuch in Bern einen Dolmetscher mitgebracht. Das halte ich jedoch für einen Scherz, und zwar für einen bösen.

Diese Wandlung hat viele Gründe. Der wichtigste ist meines Erachtens der noch dem 19. Jahrhundert völlig unbekannte Dialektkult, der das Sprachbewußtsein, das überlieferte Nationalgefühl der Deutschschweizer völlig zerstörte. Man versuchte gleichsam, unter Übertragung des Prinzips der Neutralität auf den Bereich der Kultur, eine Grauzone zwischen Deutschland und Frankreich zu schaffen. Das Ergebnis ist für die Deutschschweizer das Verschwimmen in einer vagen Unzugehörigkeit. Darin mag sich dann die gemeineuropäische, auch gemeindeutsche, Anglomanie einnisten. Vor allem aber: Je mehr sich das Bewußtsein der eigenen Kultur und Sprache verliert, desto entschiedener tritt in die Lücke der Staat. Auch deshalb ist in der Schweiz der Staatspatriotismus so penetrant, um nicht zu sagen total.

Nachdem ich vor etwa zehn Jahren Gedichte in Luzerner Alemannisch, der Sprache meiner Kindheit, geschrieben und sie 1985 veröffentlicht hatte, fragte man mich, warum ich nicht weiterhin Dialekt schriebe. Damals hatte ich das nicht zuletzt getan, um herauszufinden, was es auf sich habe mit dem Dialekt, mit seiner Herznähe, die man ihm immer als Vorzug angerechnet hatte, im Gegensatz zur Herzferne und Verstandeskühle der Hochsprache. Meine Vermutung bestätigte sich: Die Hochsprache ist die Sprache des Erwachsenenalters, so wie der Dialekt, daher die «Herznähe», der Kindheit zugehört. Der Geist, je differenzierter und reflexionsfähiger er wird, desto rationaler, regelmäßiger, formbewußter wird auch seine Sprache. Alle Kulturvölker, mehr oder weniger entschieden, mehr oder weniger ausschließlich, drücken sich in Hochsprachen aus. Das Festhalten an Lokalidiomen oder gar die Rückkehr zu ihnen ist ein Selbstbetrug, eine Regression. Das wußte man seit langem auch in der Schweiz. Wenn der Drechslermeister Keller in Zürich schon im frühen 19. Jahrhundert zu Hause hochdeutsch sprach, lief er, soweit bekannt ist, noch keine Gefahr, für einen Landesverräter gehalten zu werden. Die Entscheidung gegen den Dialekt und für die Hochsprache als Trägerin des geistigen Gesprächs und des künstlerischen Ausdrucks scheint mir auch heute, und gerade heute, natürlich, weil diese Hochsprache mit meiner Herkunft übereinstimmt (Albert Schweitzer: «Die deutsche Sprache ist meine Muttersprache, weil der Dialekt, in dem ich aufwuchs, ein deutscher Dialekt ist.»), weil sie die überlieferten Figuren meiner engeren Heimat ins Allgemeinere übersetzt und damit der Weltzivilisation, der Menschheitskultur, auf die wir uns, wenn nicht alles täuscht, unaufhaltsam zubewegen, annähert. Die Nation, ich meine hier die Sprach- und Kulturnation, ist das Nadelöhr, durch das wir

hindurch müssen, um in Europa und damit in der Einen Welt anzukommen.
Wenn der Luzerner Jurist und Politiker Philipp Anton von Segesser 1848 seinem Freund Andreas Heusler in Basel schrieb: «Für mich hat die Schweiz nur Interesse, weil der Canton Luzern – dieser ist mein Vaterland – in ihr liegt. Existiert der Canton Luzern nicht mehr als freies, souveränes Glied in der Eidgenossenschaft, so ist mir dieselbe so gleichgültig als die große oder kleine Tartarey», wenn ich dies lese, berührt es mich sonderbar. Einerseits, im archaischen Sektor meiner Seele, kann ich mich mit diesem Satz identifizieren. Andererseits, im progressiven Sektor gleichsam, entspräche meiner Haltung der Satz: «Für mich hat die Schweiz nur Interesse, insoweit sie dem deutschen Sprach- und Kulturkreis angehört. Tut sie das nicht mehr, so ist mir dieselbe so gleichgültig als die große oder kleine Tartarey.»

Ich kann über die Schweiz nicht reden, ohne auch über Deutschland und Europa zu reden. Es ist die Doppelzugehörigkeit, die mich, wie Gottfried Keller und Conrad Ferdinand Meyer, bestimmt. Ihre Denkungsart scheint mir, mögen ihre Literaturwerke zum Teil auch ferngerückt sein, von unverminderter Aktualität. Und gar Jacob Burckhardts Äußerung von 1845: «Immer mehr verbreitet sich, wenn auch nur im stillen, unter höher gebildeten und denkenden (Deutsch redenden) Schweizern das Gefühl der Zusammengehörigkeit, der ursprünglichen Einheit mit Deutschland, je weniger dieselben sich bei einiger Aufrichtigkeit von dem Dasein einer schweizerischen Nationalität überzeugen können ... sie preisen sich glücklich, daß kein zur Schriftsprache erhobener Dialekt uns von Deutschland trennt.»
Es ist dies eine erregende und zugleich schmerzhafte Doppelzugehörigkeit, weil es sich dabei um Größen handelt, die

nicht auf gleicher Ebene nebeneinander liegen, wie etwa Deutschland und Frankreich, England und Spanien, sondern um Größen, die teilidentisch sind und das, in der neueren Zeit jedenfalls, auf eine extrem unausgeglichene Weise, die sich gegenseitig anziehen und dann wieder heftig abstoßen. Es bleibt zu hoffen, daß sich unter veränderten Weltverhältnissen ein neues Gleichgewicht, ähnlich demjenigen der Zeit vor den Weltkriegen, einstellt, eingefügt in den Rahmen des in einer neuen Solidarität vereinten Europas. Das eindeutigste Signal für einen solchen Ausgleich wäre, daß das unverantwortliche Gerede von der deutschen Hochsprache als Fremdsprache, womit man die Jugend seit Jahrzehnten verdummt, endlich aufhören würde.
Im übrigen hat der Umstand, daß ich in Bayern wohne, für meine Sicht der schweizerischen Dinge keine Bedeutung. Schon als ich noch in der Schweiz lebte, sah ich sie nicht anders als heute. Ich lebe in der deutschen Sprache und empfinde den Raum, in dem sie gesprochen und geschrieben wird, als meine natürliche Umwelt. Ich habe sie mir nicht gewählt, ich fiel ihr zu durch meine Herkunft aus Luzern, das, um es mit Ägidius Tschudy zu sagen, dem «alten und großen Bund Oberdeutschlands» zugehörte, aus dem dann im 19. Jahrhundert die heutige Eidgenossenschaft wurde.

Seit damals, seit ihrer Gründung als moderner Bundesstaat, definierte die Schweiz sich als eine Symbiose von drei großen europäischen Nationen. (Die Rätoromanen, aufgrund eines anderen, neueren Kalküls, traten ja erst vor fünfzig Jahren aus ihrem Halbschatten heraus.) Sie sah sich als eine Abbildung Europas im kleinen, als Beispiel für eine friedliche Vereinigung der Völker. Wenn nun die weitaus größte ihrer Nationalitäten den angestammten kulturellen und sprachlichen Zusammenhang verläßt, sich, wie es in den letzten Jahrzehnten den Anschein hatte, von den Sprachverwandten jenseits der Grenze lossagt und, etwa auf der Basis lokaler Dialekte, ein eigenes Kleinvolkstum und Mininatiönchen zu stiften versucht, so verrät sie nicht nur ihre eigene Geschichte, sondern desavouiert auch jenes Grundkonzept, zerstört einen der Pfeiler, worauf das Selbstverständnis und Selbstbewußtsein der ganzen, nicht nur der deutschen Schweiz ruhen. Auch das zu bedenken würde sich in diesem Jahr der Selbsterforschung und der Rechenschaft lohnen.

Hugo Loetscher

Albrecht von Haller – Emigrant und Rückkehrer des 18. Jahrhunderts

Ein Interview mit dem Dichter der «Alpen»

Fühlen Sie sich als Gespenst?

Warum sollte ich?

Als einer, der zurückkehrte, als «revenant»?

Wie kommen Sie darauf?

Ein anderer Rückkehrer in die Schweiz hat sich als «revenant» bezeichnet und dabei an die deutsche Bedeutung «Gespenst» gedacht. Adrien Turel.

Kenne ich nicht.

Er lebte von 1900 bis 1934 in Berlin. Er hat in Deutschland seine ersten Werke veröffentlicht. Gedichte und philosophische Essays.

Fand er als Gespenst sein Auskommen?

Er schrieb die «Bilanz eines erfolglosen Lebens». Ein Aussteiger, bevor es das Wort gab. Ein Verweigerer. Erfolglosigkeit im Selbstverlag – nicht immer aus freien Stücken. Einer, der zurückkehrte und behauptete: Mein Werk soll meine Heimat sein. Lesenswert, was er an Autobiographischem verfaßte.

Autobiographisches? Das hat mich immer interessiert.

Er hat von uns Schweizern behauptet: «Für gewisse Laster sind wir nicht zahlreich genug.» Er kehrte wegen der Nationalsozialisten zurück.

Ich bin freiwillig zurückgekehrt.

Sind Sie auch freiwillig gegangen?

Ich bin zweimal gegangen. Das erste Mal...

Und das zweite Mal?

Das erste Mal ging ich als Student nach Tübingen. Wegen der Naturwissenschaften. Ich war damals, 1723, gerade fünfzehn Jahre alt. Mein Medizinstudium aber schloß ich in Leyden ab. Mit einer Dissertation über den Speichelgang. Es war üblich, daß einer nach dem Examen auf Reisen ging. Nicht eine Kavalierstour, sondern eine Fachreise: Hospitäler, Botanische Gärten, Raritätenkabinette.

Wie in London. Dort notierten Sie sich anläßlich eines Besuches bei einem Ihrer Kompatrioten aus Zürich: «Sah einen teil seiner Couriositäten, der insonderheit in Statuen besteht. Er nehrt einige curiose Thiere, als einen Zobel aus Norwegen, der meist einem Wiesel gleich sieht und Fleisch frißt. Einen ostindischen Kranich, der entsetzliche Beine und einen extralangen Hals hat.» Stimmt es, daß Sie Ihren Pariser Aufenthalt frühzeitig abbrachen? Wegen einer Polizeiaffäre? Weil Sie sich für Ihre anatomischen Studien vom Totengräber Leichen beschaffen ließen?

Die Reise führte weiter von Paris nach Straßburg und Basel.

Man kann dies nachlesen.

Mein Gott – Krankheitsrapporte und Therapien.

Nicht nur. Damals lobten Sie Landschaften, die mit dem

Lineal und der Schnur gezogen worden waren. Sie führten ein Reisejournal.

Das war niemals zur Veröffentlichung gedacht. Schon wegen der Sprache nicht. Wir redeten in Bern französisch.

Sie meinen unter den gebildeten Bürgern, unter den Aristokraten?

Natürlich redeten wir auch Dialekt. Der Herausgeber meines Reisejournals hat mir angekreidet, wie sich Französisch und Dialekt in mein Deutsch einschleichen: «Je suis tombé malade» ergab bei mir «Ich fiel(e) krank». Wir sagen von einer Landschaft, daß sie «abhaltet», und nicht, daß sie «abfällt».

Ein Jahr danach schrieben Sie «Die Alpen». Ein Gedicht, dessen Sprache allgemein bewundert wurde.

Ich habe die deutsche Sprache geliebt und geschätzt. In meinem Gedicht über «Vernunft, Aberglauben und Unglauben» habe ich meiner Überzeugung Ausdruck verliehen: nämlich, daß sich die deutsche Sprache so gut wie das Englische für philosophische Dichtung eignet.

Weshalb der Blick nach England?

Es war die Sprache von Alexander Pope und des großen John Milton.

Ihre erste Publikation nannten Sie «Schweizerische Gedichte».

Genauer: «Versuch schweizerischer Gedichten.»

Mit einem falschen Genitiv?

Der ließ sich korrigieren.

Schweizerisch wegen der Thematik?

Nein. Mehr als Bitte um Nachsicht.

Schweizerisch als Entschuldigung, als mildernder Umstand?

Das Wort «schweizerisch» hatte im deutschen Kulturraum keinen guten Klang – wenn überhaupt einen. Die Entschuldigung war angebracht, wenn Sie an die Leipziger Puristen denken, an Gottsched und die Gottschedianische Sekte.

Noch immer jagen deutsche Lektoren und Kritiker in schweizerischen Texten nach Helvetismen und zeigen mit Trophäenstolz, was für linguistische Böcke sie geschossen haben. Friedrich Dürrenmatt, auch ein Berner, hat in die deutsche Sprache das Wort «Morgenessen» eingeführt: Zwar macht der Zeremonienmeister den Bühnenhelden Romulus darauf aufmerksam, daß es korrekterweise «Frühstück» heißt, aber Romulus begehrt auf: Was klassisches Latein in diesem Haus, bestimme ich.

Kennen Sie Johannes Grob? Er stammte aus dem Toggenburg. Er war ein schätzenswerter Epigrammatiker. «Spazierwäldlein» heißt eine seiner Sammlungen. Er starb wenige Jahre vor 1700. Einem deutschen Richter in Sachen Poesie, einem «Dichtgesetzgeber», rief er zu: «Du lehrest, wie man soll kunstreiche Reime schreiben. / Und wilt den Dichtergeist in enge Schranken treiben: / Allein ich gebe nicht sobald die Freiheit hin. / Weil ich von Mut und Blut ein freier Schweizer bin.» So unbegründet waren meine Bedenken nicht. Ich bin Schweizer, und Deutsch ist für mich eine Fremdsprache.

Dem würde heute, ein Vierteljahrtausend später, ein Peter Bichsel Wort für Wort zustimmen. Er ist überzeugt, gerade weil Deutsch eine Fremdsprache sei, würden wir Schweizer mit ihr besonders sorgfältig umgehen.

Und immer daran feilen.

Auch an der Gesinnung?

Nehmen Sie Drollinger, der fast gleichzeitig wie ich mit Dichten angefangen hat. Ich lernte ihn bei einem meiner Aufenthalte in Basel kennen. Karl Friedrich Drollinger. Ein Schwabe, der als glühender Schweizer fühlte. Ist es nicht bezeichnend, wie skeptisch er apropos Sprache blieb: «Ein geborener Schwabe zu sein und seine meiste Lebenszeit in der Schweiz zugebracht zu haben, sind wohl nicht die Umstände, die zu einer reinen deutschen Poesie zutragen können.» Und sah sich mein Zürcher Bekannter Breitinger nicht veranlaßt, eine Verteidigung «der schweizerischen Muse von Haller» zu verfassen? Und sein Mitkämpfer, der andere Zürcher, Bodmer? Bot er nicht mit seiner Homer-Übersetzung eine aufschlußreiche Hierarchie? Die erste Fassung, die unvollkommene, nannte er die «schweizerische», die verbesserte «die deutsche», und die dritte dann die «poetische».

Immerhin steht über der «deutschen» noch die «poetische». Trotz allem sind Sie der erste Schweizer, der mit seiner Dichtung über sein Land hinausgewirkt hat. Ein Lessing wunderte sich ihretwegen, daß Alpensöhne elegant schreiben: «Es war eine Zeit, da ein schweizerischer Dichter ein Widerspruch zu sein schien. Der einzige Haller hob ihn.»

In seinem «Laokoon» hat er ganz andere Argumente gegen mich vorgebracht. Ich sah mich genötigt, dagegen zu opponieren.

Verse von Ihnen wurden ein Lieblingszitat des jungen Schiller. Die Gott verherrlichenden Verse aus dem Gedicht «Morgengedanken»: «Den Fisch, der Ströme bläst und mit dem Schwanze stürmet, / Hast du mit Adern ausgehöhlt. / Du hast den Elefant aus Erden aufgetürmet / Und seinen Knochenberg beseelt.»

In seinen Ausführungen über die naive und sentimentale Dichtung hielt er mir vor, ich hätte nicht Empfindungen ausgedrückt, sondern Gedanken über Empfindungen. Wenn schon eine Referenz, dann Goethe, obgleich ich kein Freund der Genies und ihres Geniekultes war.

Er fand ihre Gedichte in der Bibliothek seines Vaters.

Er soll seiner ersten Fassung des «Egmont» als Motto einen Satz aus meinem «Usong» vorangestellt haben. Und im «Wilhelm Meister», das steht fest, hat er die «Alpen» «ein großes und ernstes Gedicht» genannt und vom «Anfang einer nationalen Dichtung» gesprochen.

Schweizerisch also nicht mehr bloße Entschuldigung, sondern erwachendes Selbstbewußtsein?

Darf ich mich selber zitieren: «Dann hier, wo Gotthards Haupt die Wolken übersteiget / Und der erhabnern Welt die Sonne näher scheint, / Hat, was die Erde sonst an Seltenheit gezeuget, / Die spielende Natur in wenig Lands vereint. / Wahr ist's, daß Lybien uns noch mehr Neues giebet, / Und jeden Tag sein Sand ein frisches Untier sieht; / Allein der Himmel hat dies Land noch mehr geliebet / Wo nichts, was nötig, fehlt und nur, was nutzet, blüht.»

Ein Land, das der Himmel mehr als andere liebt – mit der Formulierung können wir uns auch heute noch bestens abfinden, obgleich vieles blüht, nicht weil es nutzet, sondern weil es subventionieret ist. Der Anfang einer nationalen Poesie – sollte er zugleich Beginn eines nationalen Stolzes sein?

Nationalstolz? Das Wort läßt mich an Johannes Georg Zimmermann denken.

Ihr erster Biograph.

Ich war gegen die Veröffentlichung der Lebensbeschreibung.

Er hat im nachhinein behauptet, Sie hätten ihn nicht besonders gemocht.

Er hat als junger Mann bei mir in Göttingen studiert. Medizin, mit auffallendem Interesse für Staatswissenschaften. Sein Buch über den «Nationalstolz» hat Gewicht: «Über die Herkunft der Vorurteile gegenüber andern Menschen und andern Völkern». Gerne habe ich mich in seine Schrift über die «Einsamkeit» vertieft. Wir haben oft davon gesprochen. Ich war als Kind viel allein. Der frühe Tod meiner Mutter. Der frühe Tod meines Vaters.

Mit neun legten Sie ein hebräisches und griechisches Lexikon an und befaßten sich mit einer chaldäischen Grammatik.

Latein war die Sprache, in der ich meine wissenschaftlichen Arbeiten publizierte.

Zimmermann ist gegangen.

Man hatte ihm den Posten eines königlichen Leibarztes angeboten. In Hannover.

Er ging aus Enttäuschung. Er hatte versucht, sich in seiner Heimatstadt einzurichten.

Ich war es, der ihn als Stadtphysikus nach Brugg empfohlen hatte.

Von seiner aargauischen Heimatstadt sagte er: «Aber Gott

hat es gut gemeint mit mir. Wäre ich in Brugg nicht verachtet worden, so hätte ich niemals Bücher geschrieben. Hätte ich keine Bücher geschrieben, so wäre ich gewiß nie zu der großen Charge gelangt, die ich jetzt habe.» Er ist dem Mief und der Kleinherzigkeit entflohen. Paul Nizon, Autor vom «Diskurs in der Enge», hätte ihn zitieren können. Über die sturen Verhältnisse hat sich Zimmermann in seinem «Katechismus für kleine Städte» lustig gemacht.

Er hat vielleicht nicht zufällig über die «Reizbarkeit der Nerven» dissertiert. Er soll verbittert und vereinsamt gestorben sein – im Ausland.

Und nicht ohne Ressentiment. Über sein Verhältnis zur alten Heimat ließ er keinen Zweifel offen: «Wer also unter seiner eigenen Nation nicht ein Fremdling sein, wer in einem moralisch gebuckelten Land der allgemeinen Verachtung entgehen will, muß über alles denken, was man in diesem Land denkt, er muß sich allen herrschenden Vorurteilen unterwerfen; er muß, so stolz er immer kann, den allgemeinen Buckel mitmachen, weil man eine Demut, die vom Vaterland eine niedrige Meinung hegt, unter die größten Laster zählt.»

Er gehörte zu denen, die auf Verbesserungen versessen waren. Er war einer der Initianten der «Helvetischen Gesellschaft». Sie selber hielten zu dieser Vereinigung eher Distanz.

Helvetisch, schweizerisch, kein Intelligenzblatt kam ohne diese Worte aus.

Wenn ein Lavater «Schweizerlieder» dichtete, war «schweizerisch» stolz gemeint: «Wer, Schweizer, wer hat Heldenblut . . .»

Sie hingen gefährlichen Umstürzlerideen nach. Auch ein Mitbegründer der «Helvetischen Gesellschaft» wie der Basler Isaak Iselin. «Helvetischer Patriot» hieß sein Periodikum: Er verfaßte die «philosophischen und patriotischen Träume eines Menschenfreundes».

«Menschenfreund», «l'ami du peuple» – das war später eine Kampfparole von Jean-Paul Marat; er, der seine neuenburgische Heimat verlassen hatte, ein Hauptakteur der Französischen Revolution.

Revolution – das war für das korrupte Frankreich vorauszusehen.

Sie meinen: Revolution fürs Ausland und zu Hause Ordnung und Tradition? Was aber, wenn einer mit seinen Reformvorschlägen scheitert? Wie der erwähnte Iselin? Er wollte das Schulsystem verbessern, das Einbürgerungsgesetz larger handhaben. Sein Amt als Ratsschreiber in seiner Heimatstadt Basel empfand er als Sklavendienst. Auch er trug sich mit dem Gedanken, ins Ausland zu gehen. Er hatte Zimmermann gebeten, sich nach einem konvenablen Posten umzusehen. Aber er ist geblieben. Gegangen ist Zimmermann. Gegangen sind Sie, Herr Haller.

Man hatte mir an der eben gegründeten Universität von Göttingen eine Professur für Botanik, Anatomie und Chirurgie angeboten.

War dies der einzige Grund, um zu gehen?

Die Kultur wurde in Bern nie hoch geschätzt, so dünkte mich jedenfalls damals.

Ein Holzboden, wie Gottfried Keller später sagen wird? Darf man in dem Zusammenhang Voltaire zitieren?

Ein Freygeist!

Hatten Sie nicht einmal gedichtet: «Wer frei darf denken, denket wohl»?

In meinen Briefen über einige «Einwürfe noch lebender Freygeister wider die Offenbarung» habe ich dargelegt, was ich von Voltaire und seinem Verhältnis zur Religion halte. Ich fühlte mich dazu verpflichtet als «tätig ernstlicher Christ».

In Lausanne hatte ein bernischer Landvogt Voltaire einmal gesagt: «Warum machen Sie immer so viele Verse? All das Zeug führt zu nichts. Mit Ihrem Talent könnten Sie es zu etwas bringen. Sehen Sie mich an. Ich habe es zum Landvogt gebracht.»

Wie hieß doch dieser Landvogt?

Ich erinnere mich nicht.

Nach der Veröffentlichung Ihrer Gedichte waren Sie ein berühmter und gerühmter Mann.

Ja, schon.

«Zu meinen Füßen lag ein ausgedehntes Land, / Durch seine eigne Größ' umgrenzet, / Worauf das Aug' kein Ende fand, / Als wo Jurassus es mit blauen Schatten kränzet. / Die Hügel decken grüne Wälder. / Wodurch der falbe Schein der Felder / Mit angenehmen Glanze bricht; / Dort schlängelt sich durchs Land, in unterbrochnen Stellen, / Der reinen Aare wallend Licht.» Solche Naturnähe war neu.

Das war der Blick vom Gurten, dem Hausberg Berns, auf die Flußlandschaft der Aare.

Oder in den «Alpen» die Schilderung des Lauterbrunnen-Wasserfalls.

Das ist ein Irrtum. Die Vorlage dazu bot der Staubbach Pisse-Vache im Wallis.

Sie haben die Alpen entdeckt.

Vor mir haben es schon andere mit den Bergen versucht. Vor über hundert Jahren Hans Rudolf Rebmann.

Schon, aber . . .

Dieser Berner Pfarrer lud den Niesen und das Stockhorn . . . das Stockhorn übrigens, die Besteigung des Stockhorns, die lateinischen Hexameter der «Stockhornias», datieren von noch früher. Vergessen Sie Conrad Gessner nicht, unseren europäischen Plinius aus Zürich, seine Besteigung des Pilatus, seine Wanderungen in den Glarner Alpen.

Wenn schon, dann auch Johann Jakob Scheuchzer mit seiner Barometrik und Höhenmessung. Er war der erste, der den Föhn ernst nahm, der seinetwegen nicht einfach Kopfweh kriegte, sondern ihn untersuchte. Als seine «Naturgeschichte der Schweiz» herauskam, lernten Sie gerade lesen und schreiben. Dieser Rebmann hingegen, der zu einem «Gastmahl und Gespräch zweier Berge, des Niesen und des Stockhorn» einlud . . .

Ein Lehrgedicht.

Eine zurechtgestutzte Kosmographie, eine verrückt gewordne Enzyklopädie. Sie hingegen haben aus eigner unmittelbarer Anschauung geschrieben.

Unsere Wanderung begann im Jura, um genau zu sein. Wir kehrten über Savoyen in die Schweiz zurück: in die Walliser

Alpen und dann in die Berner und von dort in die Innerschweiz. Wir waren zu zweit. Ich wanderte zusammen mit Conrad Gessner, dem nachmaligen Canonicus und Mathematikprofessor in Zürich. Eine Reihe von alpinen Pflanzen hat er als erster beschrieben. Auch dies ist ein Ergebnis unserer Wanderung.

Also steht am Anfang unserer nationalen Poesie das Klettern. Ob von da unsere Vorliebe für die kleinen Schritte kommt?

Ich war Paßwanderer. Das Hochgebirge wurde später erklommen.

In Ihrem Todesjahr begann Horace-Bénédict de Saussure seine «Wanderung in den Alpen» zu veröffentlichen. Er war auf den Montblanc geklettert. Nach den Wissenschaftern kamen die Touristen. Vorab die von Ihnen so geschätzten Engländer.

Manchmal würde ich gerne noch einmal durch die Alpen wandern.

Es stünden Ihnen Drahtseilbahnen, Schwebebahnen, Sessellifte zur Verfügung. Es werden Pauschalarrangements angeboten. Jodel und Wurst inbegriffen, vom Panorama nicht zu reden und vom Drehrestaurant: in alle vier Himmelsrichtungen schauen, ohne sich vom Platz erheben zu müssen.

Sie meinen, das sei alles nicht mehr bedichtungswürdig?

Die Frage lautet eher, ob Sie noch einen Gipfel oder ein Seitental finden, das noch nicht bedichtet wurde. Sie stehen nicht nur am Anfang einer nationalen Poesie, sondern auch einer nationalen Epik.

Ob sich der Roman für ein so hohes Motiv wie die Alpen eignet?

Als Liebhaber von Bibliographien könnten Sie einen umfangreichen Katalog der Bergliteratur anlegen: mit Lawinen und Felssturz, mit Morgenrot und Matten, mit Verbauungen und Staudämmen. Die Dichter klettern noch immer. In unseren Tagen schrieb Ludwig Hohl eine Erzählung, «Bergfahrt», nicht eigentlich eine Fahrt, sondern eine Begehung. Wenn er vom «unermeßlichen, unüberblickbaren Getürme der Bergflanken» schreibt, meint man, er habe vorher bei Ihnen nachgeschlagen. Das Hochgebirge und die dünne Luft verführen zur höheren Prosa.

Zu meiner Zeit konnte man in medizinischen Werken lesen, die Alpenluft verdumme.

Sie ist manchmal dem Lungenkranken besser bekommen als dem Dichter. Bergsteigen als Symbol war immer beliebt, wo man das Leben als keuchenden Aufstieg verstand. Hohl hat zwischen dem Künstler und dem Alpinisten eine Verwandtschaft entdeckt – der Alpinist erklimmt den Gipfel, der Künstler zieht sich in einen Teil des Bergraumes zurück, möglicherweise in einen Stein, «in dessen Glitzern und Funkeln sind viele und zukünftige Besteigungen enthalten». Allerdings konnte der gleiche Autor von den Alpen sagen, sie seien «schauerlich, unmenschlich und ungeistig».

Das kommt mir bekannt vor. Johann Joachim Winckelmann, der das Mediterrane schätzte, der Bewunderer der antiken Einfalt und stillen Größe, er zog bei der Alpenüberquerung in der Postkutsche die Vorhänge, um die schauerliche Landschaft nicht sehen zu müssen. Wie war schon der Name des Alpinisten-Dichters?

Ludwig Hohl. Er lebte in Genf.

Ein Welschschweizer?

Nein. Er stammte aus dem Glarnerland, einem engen Gebirgstal. Er kannte Holland auch. Er ging dorthin in eine Art freiwilliges Exil. Er fand Holland gräßlich wie die Schweiz. Er bekundete seine Anhänglichkeit an die Schweiz, indem er ein Exil wählte, das ihr ähnlich war. Zurückgekehrt, ließ er sich in der französischen Schweiz nieder – nur schon, um nicht den Dialekt zu hören, diese «kuhmistartige Sprache», wie er meinte. Sie sehen, man kann auch innerhalb des eigenen Landes exilieren.

Das läßt mich an Beat Ludwig Muralt denken. Seine «Lettres sur les Français et les Anglais» waren für unsere Generation bedeutungsvoll. Auch für mich. Er sah in den Engländern ein freieres Volk als in den Franzosen, die wir in allem nachäfften. Er liebte das einfache Leben auf dem Land, das weniger verdorben ist als das der Städte. Er wurde aus Bern verbannt. Wegen seiner pietistischen Ansichten, seiner ketzerischen Moral. Er brach offen mit der Landeskirche. Vor unserer Alpenwanderung wollte ich ihn in Colombier besuchen. Er lebte zurückgezogen im Neuenburgischen. Bis er amnestiert wurde.

In der guten alten Zeit gab es noch Landesverweisung. So was setzt sich in der Volksseele nieder. Heute ist Landesverweisung juristisch nicht mehr möglich. Doch bei Zeit und Gelegenheit kommt aus der Tiefe solches hoch: wenn man einen Kritiker weghaben möchte, heißt es rasch «Moskau einfach».

Schön, daß die Dichter immer noch klettern.

Als in den achtziger Jahren unsere Jungen rebellierten, wollten sie die Alpen abtragen, um einen freien Blick aufs Mittelmeer zu haben.

Die Alpen abtragen! Dieser großartige Ausweis für die sinnvolle Schöpfung: «Genug, es ist ein Gott, es ruft es die Natur.» Diese Schöpfung versuchte ich poetisch zu malen. Nach dem Leben.

Gemälde in einer barocken Sprache.

Barock? Das Wort mag ich nicht. Ich bin Protestant. Militanter Protestant. Haben Sie meine Zeilen gegen die Jesuiten nicht gelesen, gegen den Papst? Wenn ich mich für Missionierungen interessierte, dann nur, weil ein einziger bekehrter Protestant mehr wert ist als tausend bekehrte Katholiken. Dank Spenden konnte ich in Göttingen eine protestantische Kirche bauen.

Wenn Sie schrieben «und ist der süße Schaum der Euter ausgedrückt», meinen Sie, daß einer mit dem Melken fertig ist?

Was sonst?

Und wenn Sie schreiben «dort eilt ein künstlich Blei nach schwergehörnten Böcken», dann wurde wohl ein Schuß abgegeben.

Nach Gemsböcken. Das dürfte klar sein. Ich dichtete auch über den Käse.

«Das Mehl der Alpen.» Der Käse dürfte erst dank Jeremias Gotthelf literaturfähig geworden sein. Mit seiner «Käserei in der Vehfreude». Die Einwohner des Dorfes Vehfreude sollten auf Geheiß der Obrigkeit ein Schulhaus bauen, doch sie verwarfen ein solches Ansinnen, nur schon, um es denen in Bern oben zu zeigen: statt eines Schulhauses errichteten sie eine Käserei. Mag sein, daß die Löcher im Käse an Bildungslücken erinnern.

Ich erwähne die Stelle mit dem Käse nur, weil ich weiß, zu was für spöttischen Bemerkungen sie Anlaß gegeben hat.

Dennoch: Ihre Sennerinnen und Sennen haben mehr mit der Alp zu tun als die Schäferinnen und Schäfer eines Salomon Gessner mit der Viehzucht. Die «Idyllen» sind zwanzig Jahre nach Ihren «Alpen» herausgekommen. Seine «Idyllen» und Ihre «Alpen» waren die schweizerischen Bestseller in Ihrem achtzehnten Jahrhundert. Ihre Gedichte erlebten elf Auflagen. Sie wurden ins Französische, Englische und Holländische übersetzt.

Und ins Schwedische. Gessner, der Zürcher, schrieb seine «Idyllen» in völlig anderer Absicht.

Ohne Zweifel. «Diese Dichtungsart» – damit meint er die seine und mit der seinen meint er die Idyllik – «Diese Dichtungsart bekommt besonderen Vorteil, wenn man die Szenen in ein entferntes Weltalter setzt; sie erhalten dadurch einen höheren Grad der Wahrscheinlichkeit, weil sie für unsere Zeit nicht passen, wo der Landsmann mit saurer Arbeit untertänig seinem Fürsten und den Städten den Überfluß liefern muß, und Unterdrückung und Armut ihn ungesittet und schlau und niederträchtig gemacht haben», schreibt Gessner. Was, wenn Gessner gerade die Niedertracht und Armut zum Thema gewählt hätte und nicht bewußt in die Idyllik ausgewichen wäre?

Sie könnten aus der Einleitung weiter zitieren. Er sagt auch, man könne durchaus sonderbare Schönheiten aufspüren, wenn man die Denkungsart und die Sitten des Landsmanns darstellt, man müsse lediglich mit Geschmack vorgehen und dem Ganzen eine gewisse Rauheit nehmen.

Auf alle Fälle frisieren. Auf alle Fälle kein Uli der Pächter, keine seltsame Magd Elsi und der Geist ohne Geld. Statt dessen Chloe, die sanft lächelt wie die milde Ceres und weise ist wie die Muse. Daphne mit rosenfarbigen Lippen, und Mycon, der Idas eine neunstimmige Flöte schenkt.

Unsere Alpenwanderung galt ursprünglich dem Interesse für das Botanische. Doch dann erfuhren wir die Welt der Alpenbewohner: «Seht ein verachtet Volk zur Müh' und Arbeit lachen. / Die mäßige Natur allein kann glücklich machen.»

Hundertfünfzig Jahre vor Ihnen hat ein Genfer Pastor in Brasilien ...

Wo? Ich präsidierte in Deutschland eine wissenschaftliche Gesellschaft, welche die Natur der überseeischen Länder erforschen wollte.

Jean de Léry, ein Calvinist, begleitete ein französisches Expeditionscorps nach Südamerika, nach Brasilien. In seinem Tagebuch informiert er über die Sitten der Indios, der Ureinwohner. Ihm fiel auf, daß Kannibalen menschlicher sein konnten als die, welche sich Christenmenschen nannten. Er entdeckte, was man später den «guten Wilden» nannte. Sie entdeckten den guten Wilden mitten unter uns. Auf der Alp.

Sicher habe ich idealisiert. Ich habe später auch Korrekturen angebracht, als ich feststellen mußte, wie Luxus und Verderbtheit vor der Alpenwelt nicht haltmachten.

Man hat in Ihnen einen Vorläufer von Rousseau gesehen.

Jetzt kommen auch Sie damit. Natürlich schätzte ich an

Rousseau seine Hinwendung zur Natur. Ein Buch wie «La Nouvelle Héloise». Doch was für Schlüsse hat er aus seinem «Contrat social» gezogen! Das führt unweigerlich zur Pöbelrepublik.

Darf man die «Alpen» als ein kulturfeindliches Poem lesen: «Ihr Schüler der Natur, ihr kennt noch güldne Zeiten.»? Entwicklungsfeindlich wie jedes Lob vom Ursprung? «Du Volk, du aber hüte dich, was größres zu begehren, / Solang die Einfalt dauert, wird auch der Wohlstand währen.» Und antiintellektuell? «Hier hat die Natur die Lehre, recht zu leben, / Dem Menschen in das Herz und nicht ins Hirn gegeben.»

In dem Gedicht «Die Falschheit menschlicher Tugenden» habe ich klar zwischen echter und falscher Kultur unterschieden. Sie sollten die erste Fassung lesen. Nicht die von der Zensur verstümmelte. Ich benutzte die Einwohner der Alpenwelt als ...

Als Gegenwelt? So würden wir heute sagen.

Gegenwelt? Anti? Vielleicht. Ich wollte unserer Gesellschaft, meiner Berner Gesellschaft, einen Spiegel vorhalten.

Wie in dem Gedicht «Der Mann nach der Welt», was wohl soviel heißt wie ein Typ nach dem Geschmack seiner Zeit: ein Nichtsnutz und ein Tunichtgut, einer, wie ihn die verrottete Gesellschaft liebt: «O Zeit, o üble Zeit, wo Laster – pardon Läster – rühmlich werden.»

Sie erinnern mich an meine jugendliche Empörung: «Das Herz der Bürgerschaft, das einen Staat beseelt, / Das Mark des Vaterlandes ist mürb und ausgehöhlt. / Und einmal wird die Welt in den Geschichten lesen, / Wie nah dem Sittenfall der Fall des Staats gewesen.»

Damals waren Sie noch kein Rückkehrer.

Es gab andere, die anders dichteten. Dieser Hardmeyer, Johann Melchior. Einer, der zum Katholizismus konvertierte. Er mit seinen weltlichen und geistlichen Sprüchen. Da tönte es anders: «Schöner Baum der Eidgnoschaft. / In dir ist noch Mark und Saft.»

Was mehr Patriotismus als Sinn für Rhythmus verrät.

Die Politik war käuflich und die Sitten korrupt. Ich war nicht der einzige, der solches vorbrachte.

Ein Historiker wie Schlözer hat die Berner Regierung als Kakistokratie apostrophiert.

Die Kritik hat Tradition. Lange vor mir hat Grob, den ich bereits erwähnte, den «Treugemeinten eidgenössischen Aufwecker» veröffentlicht, in welchem er die Mißstände geißelte. Eine Flugschrift, die unter dem Pseudonym «Warnmund» erschien. Oder denken Sie an «Heutelia». Sie erkennen sogleich das Anagramm für Helvetia. Eine Reisebeschreibung, eine fiktive natürlich. Was man darin alles an Kritik und Vorwürfen vorfindet: eine feile Justiz, Vögte, die bestechlich sind, die Armut der sogenannten Untertanenkantone; der Autor kämpfte gegen den Aberglauben, er forderte die Abschaffung der Vorrechte der Städte, die Vereinheitlichung der Münzen ...

Wie hieß dieser Autor?

Das Werk ist anonym erschienen.

Pseudonym, anonym. Was für ein Fressen für die Politische Polizei. Was die alles in die Fichen einer Subversivenkartei eintragen könnte.

Wir mußten mit der Zensur rechnen, der obrigkeitlichen und der geistlichen.

Die erste Ausgabe der «Alpen» ist anonym erschienen.

Die zweite trug meinen Namen.

Und die letzte mit dem Namen alle Titel.

Ja, «Albrechts von Haller, Herrn zu Goumoens Le Jux und Eclagens. Präsident der königl. Gesellschaft zu Bern; der Kaiserlichen und königl. Französischen, Englischen, Preußischen, Holländischen, Edimburgischen, Bononischen, Schwedischen, Arcadischen, Bayrischen, Carinischen, Uppsalischen Academien und Gesellschaften der Wissenschaften Mitgliedes. Versuch Schweizerischer Gedichte. Elfte vermehrte und verbesserte Auflage. Mit des hohen Standes Bern gnädigsten Freyheiten».

Mir fällt auf: Wir haben bis heute keine Geschichte des schweizerischen Zensurwesens. Unsere Kulturgeschichte ist aber erst komplett, wenn wir nachlesen können, was einst nicht gelesen werden sollte und was nicht gelesen werden konnte. Eine Geschichte unserer Verbote und Repressionen. Unter Berücksichtigung unserer Vorväter. Ganz im Sinne der Tradition.

«Sag an Helvetien, du Heldenvaterland. / Wie ist dein altes Volk dem jetztigen verwandt?» – was mußte ich mir diese meine eigenen Verse vorhalten lassen.

Sie eignen sich nun einmal für patriotische Feiern. Auch wenn die Schweiz ihren siebenhundertsten Geburtstag begeht. Die Verse eignen sich schon deswegen, weil sie eine Klage sind. Ohne Klage geht es nicht. Ohne Klage, daß es nicht mehr ist wie früher. Was aber, wenn es schon vor zweihundertfünfzig Jahren nicht war wie früher? Die Klage scheint so alt zu sein wie die Vorväter selber. Mit wem waren dann aber die allerersten Väter nicht verwandt? Aktuell bleibt die Klage. Auch dann, wenn Sie schreiben: «Bei solchen Herrschern wird ein Volk nicht glücklich sein. / Zu Häuptern eines Stands gehörtet Hirn darein.»

Ich kenne die Schwierigkeiten. Gut – ich wurde Stadtarzt in Bern. Man bot mir die Stelle eines Bibliothekars an. Bei der Besetzung wichtiger Ämter aber wurde ich übergangen. Als im Inselspital die Stelle eines dirigierenden Arztes frei wurde, hieß es: Das ist nichts für einen Poeten. Als ich für eine Professur kandidierte, Geschichte und Eloquenz, mußte ich hören: Das ist nichts für einen Arzt.

Und dann sind Sie gegangen. Ein zweites Mal.

Vorher habe ich noch einmal eine Alpenwanderung gemacht. Ich habe noch einmal einen Lieblingsort aufgesucht. Den Bremgartenwald. Dort habe ich ...

Sie zögern?

Dort habe ich ein Gedicht begonnen. Vielleicht mein bestes, auch wenn es nicht so berühmt wurde. Immerhin hat Kant, Immanuel Kant, der Philosoph ...

Wir lesen ihn noch immer.

Er schätzte meine Verse als erhaben ein. Ein unvollkommenes Gedicht, das heißt, es wurde nie vollendet. Darin der Versuch, die Ewigkeit sprachlich zu erfassen: «Ich häufe ungeheure Zahlen. / Gebürge Millionen auf. / Ich wälze Zeit auf Zeit und Welt auf Welten. / Und wenn ich auf der March des Endlichen nun bin / Und von der fürchterlichen Höh' / Mit Schwindel wieder nach dir sehe / Ist alle Macht der Zahl vermehrt mit tausend Malen / Noch nicht ein Teil von dir / Ich tilge sie und du liegst ganz vor mir.»

In Göttingen hörten Sie auf zu dichten.

So radikal läßt sich das nicht sagen.

Abgesehen von Gelegenheitsgedichten: Das Einweihungsfest der Göttingschen Hohen Schule oder die Kantate, die in der allerhöchsten Gegenwart seiner Königlichen Majestät Georg des Andern aufgeführt wurde.

Die Vorsehung hat mich bei unerwarteter Gelegenheit zum Dichter gemacht.

Beim Tod Ihrer Frau.

Einige Tage zuvor hatte ich noch über «Marianens anscheinende Besserung» gedichtet, aber dann lautete der Titel der Trauerode definitiv «Beim Absterben meiner geliebten Mariane»: «Ich seh' dich noch, wie du erblassest. / Wie ich verzweifelnd zu ihr trat, / Wie du die letzten Kräfte faßtest / Um noch ein Wort, das ich erbat.» Kaum waren wir in Göttingen, starb sie.

Drei Jahre später, bei einem Besuch in der Schweiz, heirateten Sie wieder, die Tochter eines Berner Ratsherren.

Und das gleiche Geschick. Zwölf Monate später starb sie im Kindbett. Diesmal hatte ich über den Tod meiner zweiten Frau Elisabeth Buchner zu schreiben.

Verse wie die: «O nennet mir ein Elend wie das meine, / Und sprecht mir dann das Recht der Tränen ab.»

Manchmal ist mir, als hätten diese Verse über ihren Anlaß hinaus Gültigkeit. Der Trübsinn in mir wirkte stärker als die Heiterkeit und nahm mit dem Alter zu.

Fühlten Sie sich fremd in Göttingen? Aus ihrer holländischen Studentenzeit stammt ein Gedicht «Sehnsucht nach dem Vaterland».

«Hemvé», wie die Franzosen das Heimweh nennen, die «maladie Suisse».

Unser guter Zimmermann hat diese Krankheit untersucht. Er hat nachgewiesen, daß sie nicht eine spezifisch schweizerische ist, daß aber die Schweizer diese Art Melancholie für sich reklamieren – überzeugt von den «Vorteilen ihres Vaterlandes», glauben sie, daß keine andere Nation soviel Anspruch auf Heimweh hat, obgleich andere Völker dazu genausoviel Anlaß hätten.

Vielleicht ist es nicht ein Vorrecht von uns, sondern eine Begabung.

Man könnte auf Zschokke hinweisen. Heinrich Zschokke, naturalisierter Deutscher, hat gut hundert Jahre nach Ihnen Wanderungen unternommen – nicht durch die Alpen, sondern durch die Schweiz. Er konnte das unbehelligt tun: «Kaum ein europäisches Land besitzt eine bessere Sicherheitspolizei mit geringeren Kosten als eben die Schweizer Polizei.» Das dürfte heute, was die Kosten betrifft, anders sein.

Wer an die Ordnung glaubt, muß den Ordnungskräften vertrauen.

Darum geht es in diesem Zusammenhang nicht. An der gleichen Stelle fährt Zschokke fort: «Überall ländliche Wohnungen, vereinzelt, inmitten ihrer herumgelegenen Grundstükke; Dörfer, Weiler, einzelne Höfe fast überall nur eine halbe oder viertel Stunde von einander entfernt; im täglichen Verkehr verwandte Nachbarschaften, wo jedermann, klein und groß, sich kennt und nennt – wie würde da verdächtiges Gesindel Gelegenheit finden, sich anzunisten? Oder wie könnte da ein Unbekannter nur vorübergehen, dessen Signalement die männliche und weibliche Neugier nicht sogleich aufnähme? Schon, wer nicht in der gleichen Ortschaft oder Nachbarschaft wohnt, und wäre er auch ein Bürger des gleichen Landes, heißt ein Fremder.» Wir können innerhalb des eignen Landes in die Fremde gehen. Sie gingen in die Fremde jenseits der Grenzen.

Ich hatte meine Arbeit. Die «Enumeratio methodica stirpium Helvetiae indigenarum», mein Kompendium der schweizerischen Pflanzenwelt, war eine stete Verbindung mit der Heimat. Man kann auch in einem Herbarium oder in einem Botanischen Garten zu Hause sein – ad interim.

Man hat von Ihnen gesagt, ich glaube, es war Herder, Sie trügen eine «Alpenlast von Gelehrsamkeit», Sie seien der geistvollste Kompilator. Imposant, wenn man an Ihre kritischen Bibliographien denkt – an die «Bibliotheca botanica».

Oder die «Bibliotheca anatomica». Die «Bibliotheca chirurgica». Die «Bibliotheca medicinae practicae».

52 000 Buchtitel hat ein Wissenschafter gezählt.

Wenn wir schon beim Zählen sind: da wäre das Handbuch der Physiologie zu erwähnen, acht Bände. Bei meiner Herausgebertätigkeit habe ich gerne mit Künstlern zusammengearbeitet, wegen der Illustrationsbeigaben.

Sie hatten einen Ruf nach Utrecht und einen nach Oxford.

Friedrich der Große wollte mich nach Berlin holen.

Sie aber sind nach Bern zurückgekehrt.

Ich war all der Querelen müde. All der Anfeindungen und Anfechtungen. Von den Verleumdungen nicht zu reden. Und dann meine Gesundheit.

Hätte man die nicht auch in Göttingen kurieren können? Bei so viel Berufungen und Ehrungen – die Wahl in den Großen Rat von Bern soll für Sie einer der glücklichsten Tage gewesen sein.

Ich bin danach noch acht Jahre in Göttingen geblieben.

Dann aber sind Sie zurückgekehrt.

Nicht als «Revenant», sondern als Rathausammann.

In dieser Funktion mußten Sie den Regierungsmitgliedern die Türe aufmachen und als Stimmenzähler wirken. Man spottete über den «großen Haller». Als Rathausammann durften Sie über die alten Überzüge der Rathaussessel verfügen, grünes Tuch. Es heißt, die Kleider Ihrer Kinder seien daraus verfertigt worden, so daß diese alle als grüne Heinriche herumliefen.

Ich war Mitglied des Schulrats. Mir wurde die Revision der Akademie zu Lausanne übertragen. Ich stand dem Waisenhaus vor. Ich wurde mit archäologischen Aufgaben betraut. Das alles erlaubte mir trotzdem, eine private Arztpraxis zu führen. Und dann wurde ich Direktor der Bernischen Salzwerke in Roche.

Eine glückliche Zeit?

Jeder arbeitet auf seine Weise am Glück der Welt. Trotz aller administrativen Last, die ich nie verabscheute, fand ich Zeit für wissenschaftliche Tätigkeit wie für meine «Icones anatomicae», ein Großwerk anatomischer Abbildungen.

Als Ihre Amtszeit zu Ende war, fürchteten Sie, sich wieder mit subalternen Posten zufriedengeben zu müssen. Sie dachten erneut daran, wegzugehen.

König Georg III. bot mir die Stelle eines Kanzlers an. Eine hochdotierte Position. Wieder in Göttingen.

Warum haben Sie nicht akzeptiert?

Meine Familie.

Sie hatten bald nach dem Tod Ihrer zweiten Frau wieder geheiratet.

Meine Frau und meine Kinder, die fühlten sich in Bern daheim.

Aber Ihre Treue wurde nicht belohnt. Sie hatten gehofft, in die eigentliche Regierung gewählt zu werden, in den «täglichen Rat». Dies war nicht der Fall, obwohl Sie Hand zur Versöhnung gereicht hatten.

Wie meinen Sie das?

Mit der Bearbeitung Ihrer Gedichte.

Variantes lectiones. Lesarten. Ich habe an meinen Gedichten gearbeitet.

Ich rede nicht von den stilistischen Änderungen, den sprachlichen oder metrischen Verbesserungen.

Ich ließ lieber einen Sprachfehler stehen als einen matten Gedanken.

Ich meine nicht einmal die Kommentare, die Sie zu jedem Gedicht verfaßten. Obwohl die sich wie Herabsetzungen der eignen Arbeit lesen. Oder sollte zum Beginn der nationalen Poesie auch die Entschuldigung gehören – nicht dafür, daß

Sie schweizerische Gedichte schrieben, sondern daß Sie überhaupt Poesie verfaßten?

Meine Gedichte waren immer mühsame Kleinigkeiten. Ich habe in Nebenstunden gedichtet. Im Zustand des Krankseins zum Beispiel oder in einer schwermütigen Stunde. Es gab die Augenblicke, da mich die «poetische Krankheit» befiel.

Ich denke an die Kommentare, in denen Sie das, was Sie einst in Ihren Gedichten geschrieben hatten, widerriefen oder es mindestens in Frage stellten – wobei es mich überrascht, daß Sie bei solcher Distanzierung die Gedichte überhaupt auflegten.

Junge Leute, die in Büchern die Welt kennengelernt haben, wo die Laster immer gescholten und die Tugenden immer geehrt und die vollkommensten Muster ihnen vorgemalt werden, fallen leicht in den Fehler, daß ihnen alles, was sie sehen, unvollkommen und tadelhaft vorkommt. Auch ich war einmal jung.

Ihre Sozialkritik wäre am Ende nichts als verfehlter Übermut. Soll man dies so verstehen, wenn Sie dem Gedicht «Die verdorbenen Sitten», mit dem Sie einst schockierten, Sätze wie die voranstellten: «Der unzweifelhaft blühende Zustand meines glückseligen Vaterlandes bezeugt unwidersprechlich, daß die herrschenden Grundregeln ihrer Vorgesetzten gut und gemeinnützig sind.» Der «unzweifelhaft blühende Zustand» und die «guten und gemeinnützigen Grundregeln», darüber hatte ein Samuel Henzi eine andere Meinung.

Er war ein Rädelsführer.

Er hatte, mit andern zusammen, lediglich in einer Bittschrift gefordert, die angestammten Rechte wiederherzustellen und zu respektieren. Die Antwort war Landesverweisung. Und als er zurückkehrte, wurde er verhaftet und zum Tode verurteilt.

Er wollte die Regierung mit Gewalt stürzen.

Die Affäre war ein internationaler Skandal.

Die Affäre wurde aufgebauscht.

Lessing hat die Affäre zum Thema eines Theaterstücks gemacht; es ist allerdings Fragment geblieben.

Ich versuchte, Lessing davon abzuhalten.

Wissen Sie, daß ein zeitgenössischer Autor wiederum daran dachte, Henzi auf die Bühne zu bringen? Friedrich Dürrenmatt?

Der mit dem «Morgenessen»?

Während Sie das Aggressive Ihrer Satiren zurücknahmen, verfaßte Henzi mit einem einzigen Satz die schärfste Satire. Als der Scharfrichter beim ersten Mal nicht traf, reckte der Verurteilte noch einmal den Hals: «In dieser Republik sind selbst die Henker schlecht.»

Ein Zeitgeist des Aufruhrs.

Ein demokratischer Aufbruch.

Eine aristokratische Ordnung.

Ein Gespensterkampf? Selbst Ihre Leidenschaften verleugneten Sie. «Doris», ein Liebesgedicht, das Sie schrieben, als Sie Ihre erste Frau, Mariane, kennenlernten, Verse, berühmt und oft zitiert, deren Sie sich später schämten: «Komm, Doris, komm zu jenen Buchen, / Laß uns den stillen Grund besuchen, / Wo nichts sich regt als ich und du. / Nur noch der Hauch verliebter Weste / Belebt das schwache Laub der Äste, / Und winket dir liebkosend zu.»

Was uns, wenn wir zwanzig sind, lebhaft und erlaubt vorkommt, scheint mit siebzig töricht und unanständig. Wie ich mir ein Leben im Dienste der Religion vorstelle, habe ich in meinen «Briefen über die wichtigsten Wahrheiten der Offenbarung» dargelegt. Von meinem Spätwerk reden Sie nicht.

Entschuldigen Sie. Ich möchte nicht unterschlagen, daß Sie für die «Göttingschen Zeitungen von Gelehrten Sachen» . . .

Später: «Göttingsche Anzeigen von gelehrten Sachen.»

An die neuntausend Rezensionen sollen Sie für diese Zeitschrift verfaßt haben, vorab wissenschaftliche Werke annoncierend, aber auch literarische.

Mindestens sagen Sie nicht, ich hätte bei diesem Gespensterkampf keine Kenntnis genommen von dem, was zu meiner Zeit publiziert wurde.

Anläßlich Ihrer Briefe über die Offenbarungswahrheiten meinen Sie, daß «die Angelegenheiten der Ewigkeit» zu ernst seien, als daß man sie «mit einer Geschichte vermischen sollte, worin von Liebe und Krieg und von anderen Geschäften des gemeinen Lebens» die Rede ist. Die Geschichte (oder die Literatur?) als Störenfried der Belehrung?

Ich habe auch an einem Dichter wie Homer das Didaktische vermißt.

Und getadelt. Sollte mit Ihnen am Anfang der nationalen Poesie auch das Bekenntnis zum Didaktischen gehören? Der Autor nicht auf der Suche nach einem Publikum, sondern auf der Suche nach einem Klassenzimmer? Warum aber schrieben Sie trotzdem Romane?

Ich weiß, daß diese Bücher kaum Anklang fanden. Vom Verstandenwerden schon gar nicht zu reden. Sie waren unzeitgemäß.

Daran allein kann es nicht liegen.

In «Usong» stellte ich die ideale Staatsführung einer absoluten Monarchie dar, ohne einem blinden Lob der Monarchie zu verfallen. In «Alfred» behandelte ich die gemäßigte Monarchie, die englische Staatsverfassung. In «Fabius und Cato» versuchte ich zu zeigen, daß eine Republik mit ihren republikanischen Rechten nicht zu weit gehen sollte.

«Usong» spielt im Orient, in Persien. «Alfred» in einem historischen England. In «Fabius und Cato» verteidigt der Altrömer Cato den republikanischen Staat gegen die demokratischen Ideen des Sophisten Karneades. Ferne Schauplätze und historische Situationen: Sollte ein Weggehen möglich sein, das einem erlaubt zu bleiben, indem man thematisch auswandert?

Gemeint war immer Bern.

Weshalb haben Sie es nicht genannt? Einem Helden in «Usong» leihen Sie viel von Ihrem Leben, viel von den bitteren Erfahrungen, die Sie in Bern machten.

Meine Helden sind exemplarisch.

Exemplarisch bis zu jener Allgemeingültigkeit, die keiner konkreten Situation mehr weh tut? Weshalb überhaupt die Romanform?

Um Leute anzulocken, die ein bloß ernsthaftes Buch nicht in die Hände nehmen würden.

Literatur als Lockmittel? Als Falle? Als Verpackung?

Ich habe in meinen Romanen eindeutig Stellung bezogen – oder beziehen lassen.

Eindeutig zum Beispiel Ihre Abrechnung: «Die Herrschaft des Volkes ist wesentlich der Sitz der Aufruhren.»

Man kann in der Tat in die Fremde gehen, auch wenn man bleibt, dann, wenn die eigne Zeit immer fremder wird.

Sie sind zu einem Buch gekommen, das Sie selber nicht veröffentlichten, das erst nach Ihrem Tod erschien.

Mein Journal?

Was Ihr Herausgeber betitelte: «Tagebuch seiner Beobachtungen über Schriftsteller und sich selbst».

Notizen über Autoren, Werke und Themen, die mich bewegten – aber wozu diese «Aufzeichnungen» mit Stellen aus meinem privaten Tagebuch ergänzen?

Im Gegenteil, man könnte sich diese Mischung noch konsequenter denken: die Auseinandersetzung mit seiner intellektuellen Zeit, und parallel dazu zeigen, wie der Autor mit sich selber umgeht.

Ein Lavater hat selber sein «Tagebuch eines Beobachters seiner selbst» herausgegeben.

Man könnte auch die pietistische Erweckungsliteratur Ihrer Zeit anführen.

Ich habe schon anfangs gesagt, daß mich Autobiographisches interessiert. Denk ich an das Jahrhundert vor mir, fällt mir kaum Erzählendes ein. Dafür die Autobiographien der beiden Walliser Platter, des älteren Thomas und des jüngeren Felix, des Geißbuben, der zum Gelehrten wurde, und des berühmten Mediziners.

Sie nehmen mit Ihrem Tagebuch an unserer Literatur mehr teil, als Sie vermuten – nicht nur, weil das Tagebuch literarische Form wurde; in der Hinsicht gehen die Franzosen selbstverständlicher mit Ihrem Journal um. Aber Ihre Art, sich mit sich selber zu beschäftigen, zählt zu einer Literatur, die später bei uns Tradition haben wird. Amiel ist nicht bloß ein Sonderfall des neunzehnten Jahrhunderts: der Mann, der mit «Roulez tambours» ein vaterländisches Lied dichtete und sich über Tausende von Seiten hinweg der Selbstsezierung ausliefert. An seinem «Journal intime», oder genauer, an solcher Literatur der Introspektion haben sich eine Reihe welscher Autoren inspiriert. Und auch mit Ihrem schlechten Gewissen partizipieren Sie an der nachfolgenden Literatur, wenn ich an unsere Jahrzehnte denke. Da wird das schlechte Gewissen selbst von solchen kultiviert, die gar nicht sündigten – aus purer moralischer Bereitschaft. Man wird Sie jedenfalls auch dort nennen müssen, wo sich Schreiben als Verkriechen und In-sich-selbst-Verkriechen betätigt.

Das Tagebuch war ein Ort meiner Zuflucht.

Ein Ort der Peinigung und Zerknirschung, der Infragestellung und Selbstqual.

Ich war Beobachter meiner selbst. Vielleicht schon, weil ich Arzt war. Überhaupt Beobachter. Als ich einem Freund die Geburt meines ersten Sohnes mitteilte, geriet mir die Freudennachricht zu einem veritablen Beschrieb einer Entbindung.

Waren Sie süchtig?

Meine Alterskrankheiten zogen sich hin. Gicht. Und dann mein Nieren- und Blasenleiden. Ein Schmerz, den ich mit Opium linderte.

Und die Dosierung?

Reden Sie von der Dosierung des Schmerzes oder von der Dosierung des Opiums?

Sie haben über den Ablauf der Krankheit einen Bericht verfaßt und diesen der Göttingschen Akademie zur Verfügung gestellt.

Das eigene Leiden als Anlaß fürs Schreiben, nicht weil es ein eignes ist, sondern weil es Kompetenz verleiht, darzustellen, was, woran und wie ein Mensch leidet.

Wenn das literarisches Programm geworden wäre. Noch kurz vor Ihrem Tod, so ist in Ihrem Tagebuch zu lesen, quälten Sie sich mit Vorwürfen über Ihr ungenügendes christliches Verhalten. Als es ans Sterben ging, erlebten Sie einen hohen Moment der Luzidität: Sie fühlten sich selber den Puls.

Il bat, il bat, il bat – plus.

Er schlägt, er schlägt, er schlägt – nicht mehr.

Beat Sterchi

Meine kleine Taschenmythologie

Eins

Es gab einmal eine Zeit, da lebte ich mit meinen Eltern und meinen beiden Brüdern an der schönsten Gasse in der schönsten Stadt der Welt. Mein Vater war groß und tüchtig, meine Mutter trug immer eine weiße Schürze, und all die andern Leute, zu denen ich zwischen Kinderzimmer, Kindergarten und Sonntagsschule aufschauen durfte, waren nicht nur Helden einer heilen Welt, in die hineinzuwachsen sie mir das Glück gewährten, sie waren dazu noch Schweizer, etwas, das ich selbst auch so schnell wie möglich werden wollte.
Die Schweizer waren damals die tapfersten Soldaten, die besten Schützen und die kräftigsten Schwinger. Sie waren beinahe auf jedem Gebiet unschlagbar. Die Schweizer strotzten nur so vor Überlegenheit. Wie der Promenadenaufseher, der uns Kindern den Ball wegnahm, mit dem wir verbotenerweise Fußball gespielt hatten. Wie der Fahrradhändler, der mich drei Tage lang mit einem platten Rad am Roller im Elend sitzenließ. Wie die Polizisten, die von beinahe so hoch oben herabguckten wie die Trolleybusfahrer hinter ihren Sonnenbrillen.
Aber die Schweizer, zu einem von denen ich möglichst bald werden wollte, waren nicht nur überlegen und mächtig, sie waren auch frei. Wahnsinnig frei sogar. Das wußte ich, und

obschon ich mir unter dieser «Freiheit» noch sehr wenig vorstellen konnte, war meinem kindlichen Bewußtsein klar, daß man sich damit offensichtlich überall und jederzeit hemmungslos brüsten durfte.

Zwei

Natürlich war die Aare damals mindestens so breit wie jener Nil, den ich aus der Sonntagsschule kannte. Natürlich war der Bärengraben erschreckend tief und die Nydeggbrücke unermeßlich hoch. Bern selbst war ein Weltreich, dem die andern Orte, deren Namen wir beim «Kantönerlen» ausriefen, bevor wir den Ball in die Luft warfen, an Größe nur um wenig nachstanden. Das ganze Land war riesig, riesig wie das Münster, von dem ich überzeugt war, daß kein anderes Bauwerk es an Wucht hätte übertreffen können.

Drei

Das Bewußtsein, an einem ganz besonderen Ort geboren zu sein, hatte ich gleichsam mit der Muttermilch aufgesogen. Schon bald wurde mir aber durch den Genuß von Ovomaltine, Emmentaler und Toblerone das Wissen um die Unübertrefflichkeit der Schweizer Qualitätsprodukte buchstäblich einverleibt. Sogar daß da etwas war mit Uhren, worauf man aus irgendeinem Grund stolz sein durfte, war ebenfalls früh eine Selbstverständlichkeit, denn schließlich glitzerten, glänzten und tickten sie in etlichen Schaufenstern der Gasse, und vom Zytglogge-Turm her schlug Hans Thann vom ältesten Uhrwerk, das es gab, die Stunden. Mit Thanns Schlägen lernte ich zwar zählen, aber ich war auch nach wiederholter

Beobachtung nie ganz sicher, ob er die Glocke mit seinem Hammer tatsächlich berührte.
Noch bevor ich zur Schule ging, wurde ich, den Erwachsenen nacheifernd, verantwortungsbewußter Mitträger einer beispiellosen humanitären Tradition. Albert Schweitzer war nach einem Dokumentarfilm über Lambarene zum Inbegriff derselben geworden. Der Name reichte. Ich steckte ihn mir an den Hut meines kindlich nationalen Selbstbewußtseins, das während des Koreakriegs noch durch die Verdienste des Roten Kreuzes gestärkt wurde. Im Ton der Stimmen der Erwachsenen, die von dieser Organisation sprachen, war nämlich nicht zu überhören, daß WIR sehr viel damit zu tun hatten. Dazu kam, daß nach der Meinung der Zeitschriften, die damals vor meiner Nase durchgeblättert wurden, das Rote Kreuz allein dem Unheil trotzte, das die abgebildeten kleinen koreanischen Kinder peinigte. Über die Ursachen dieses Unheils versuchte man mich zwar nicht aufzuklären, doch diente dieser Krieg wie nebenbei dem guten Zweck, privilegierte schweizerische Kinder wie mich auf ihr Glück aufmerksam zu machen, und sie dazu anzuhalten, auch wenn es keinen Pudding gab, den Teller sauber auszuessen.

Vier

Auch das Böse existierte. Es war aber auf ein «Tüfeli» verkleinert oder entweder hoch oben, weit unten oder sonst weit weg. Beim Zytglogge-Turm stand oben auf einem Brunnensockel ein Mann, der kleine Kinder wie am Schnürchen aus einem Sack zog, um sie eins nach dem anderen mit Haut und Haar aufzufressen. Und unten im Keller wohnte ein tierisch behaarter schwarzer Mann, den ich mir immer sehr mürrisch vorstellte, und der «Mugä Möck» hieß. Wenn wir

Kinder nicht folgsam waren, drohte dieser lichtscheue Mann das dunkle, steile Kellerloch heraufzusteigen. Schon bald gab es aber einen viel eindrücklicheren, viel überzeugenderen «bösen Mann». Dieser wurde sogar am Radio, das mein Vater abends einschaltete, in seiner ganzen gewalttätigen und blutrünstigen Unmenschlichkeit beschworen. Dazu wohnte er auch noch wie der böse Pharao der Sonntagsschule an keinem andern Ort als am Nil. Aber einen komischen Namen hatte er trotzdem: Er hieß nämlich Nasser.
Und es gab das Paradies. Es befand sich in jenem fernen Land, aus dem der Kaugummi kam, den wir liebten, aber nur selten haben durften. Daß wir nicht selbst im eigentlichen gelobten Land lebten, störte uns Kinder sehr. Wir kompensierten diese Einbuße dadurch, daß wir einander erzählten, der damals populäre Bundesrat Petitpierre sei mit dem amerikanischen Präsidenten Eisenhower eng verwandt. Der fremdartige Klang beider Namen lieferte vermutlich den Beweis.

Fünf

Kein Zweifel: Kinder schaffen sich spielend noch viel phantastischere Welten. Dies waren jedoch meine Bilder der Wirklichkeit der Schweiz, die nicht nur nicht korrigiert, sondern eher noch applaudiert wurden. Die Erwachsenen haben uns Kindern auch damals die angeblich gesunde Neugier vor allem mit Lügen heimgezahlt.
Es waren keine böswilligen Lügen. Überhaupt nicht. Die Erwachsenen, von denen ich umgeben wurde, die hatten die gängigen Mythen der heilen Schweiz selbst derart stark verinnerlicht, daß sie gar nicht anders konnten, als jeder auf seine Weise an ihnen weiterzubauen.

Aber es gab Einbrüche.
Daß viele Erwachsene sogar ihren Vorsprung an Lebenserfahrung, der mir absolut unaufholbar schien, als persönliches Verdienst betrachteten, beschäftigte mich sehr. Machte mich auch skeptisch. Ich begann darin eine echt schweizerische Besonderheit zu vermuten.
Auch ihre Art, mit so viel Aufwand, so ganz anders als wir Kinder, durch die Lauben der Altstadt zu gehen, führte ich bald nicht mehr nur auf ihr Erwachsensein zurück. So von sich eingenommen vor sich hinzuschreiten, so umständlich langsam, so kopfnickend und mit kreisenden Blicken stehenzubleiben, um sich mit beklemmender Würde zu begrüßen, das alles, glaubte ich, mußte jedes Kind sicher lernen und geduldig üben, um selbst einmal Schweizer werden zu können.
In politischen Gesprächen zwischen Erwachsenen war auch rauszuhören, daß man hier bei uns angeblich alles sagen dürfe. Aber schon diese Gespräche selbst waren eher ein gegenseitiges Bauchpinseln, ein gegenseitiges Gratulieren zu Errungenschaften, für die niemand einen Finger gekrümmt hatte. Daß da keinerlei Meinungen und Ansichten frei geäußert und getauscht wurden, spürte ein Kind instinktiv. Sehr behutsam und abtastend wurden politische Themen erörtert. Das machte mißtrauisch. Dazu kam noch, daß wir Kinder überhaupt nichts zu sagen hatten. Uns wollte man höchstens sehen, nicht hören.
In jener Zeit sorgte in Bern noch ab und zu der Dätwyler für eine kleine Auflockerung des Alltags. Der Dätwyler war ein großer, hagerer Mann, der dem berühmten Urwalddoktor nicht unähnlich sah und der unermüdlich von Frieden und Freiheit zu predigen verstand. Er hatte der Schweiz eine internationale Friedensmission angedichtet, die er sich samt einer riesigen, weißen Fahne aus wetterfestem Perlon not-

gedrungen auf die eigenen Schultern laden mußte. Er sah sich ernsthaft als neutraler Vermittler zwischen Ost und West, erzählte uns Kindern auf der Münsterterrasse nicht ohne staatsmännischen Gestus und in den abenteuerlichsten Farben von seinen Besuchen in Moskau und Washington, wo er mit den jeweiligen Präsidenten angeblich regelmäßigen Kontakt pflegte. Wenn er in der Berner Altstadt auftauchte, dann nur, weil er gerade wieder mal von Bundesrat Petitpierre zu einer Besprechung erwartet wurde.
Der Dätwyler hatte zwar kein rotes Kreuz auf seiner Fahne, verkörperte aber dennoch beispielhaft viele der Qualitäten, die ich damals für bewundernswürdig hielt. Dätwyler lebte den Mythos. Daß ihn die Erwachsenen belächelten, wenn sie ihn überhaupt wahrnahmen, betrübte meine aufkeimende Schweizerseele. Sobald ich konnte, wollte ich gegen diese Ungerechtigkeit ankämpfen, denn hätte ich es damals irgendwie veranlassen können, wäre der Dätwyler auf der Stelle Bundesrat geworden.

Sechs

Obschon die Schule meine frühkindlichen Vorstellungen von der Schweiz modifizierte und differenzierte, war sie kaum darauf ausgerichtet, nationale Mythen zu widerlegen. Trotzdem gab es auch kluge und aufklärerische Lehrer. Ich erinnere mich, wie behutsam wir im Geschichtsunterricht darauf vorbereitet wurden, daß der gute alte Wilhelm Tell seinem unbändigen Freiheitswillen offensichtlich ohne das Beisein von vertrauenswürdigen Augenzeugen freien Lauf gelassen hatte. Der Geschichtslehrer war sich bewußt, daß er uns etwas wegnahm. Aber wir waren ja jetzt schon groß, brauchten weder das Märchen vom Storch noch das vom Weih-

nachtsmann, also konnten wir auch verkraften, daß der Apfelschuß vermutlich einer nordischen Legende entstammte und dem Dramatiker Schiller einfach gut in sein Stück gepaßt hatte.
Es gab aber auch Lehrer, die ehrenvollste Verdienste und allerhöchste Selbstaufopferung wie Orden auf ihrer gewölbten Brust trugen. Sie waren die Freiheits- und die Widerstandskämpfer, die die Schweiz vor roten und braunen Fäusten bewahrt hatten. Da es sich bei ihren Orden um unsichtbare Modelle handelte, mußten sie um so öfter darauf hinweisen.
Das ganzheitliche Denken der Kindheit wurde aber auch auf andern Gebieten laufend von neuen Wirklichkeiten überholt, fragmentiert und zerstört. Die Außenwelt verlor an Wichtigkeit, denn jetzt wollte auch die Innenwelt entdeckt werden. Schweizer war ich höchstens noch, wenn am Fernsehen die Skirennen übertragen wurden.

Sieben

Für mich krachte der Mythos Schweiz erst nach der Schulzeit bei meinem Eintritt in die Arbeitswelt zusammen. Dann aber richtig. Wie ein Kartenhaus.
Von einem Tag auf den andern sah ich mich plötzlich als Lehrling zuunterst in der Hierarchie eines mörderischen Fabrikbetriebes gefangen. Die vorherrschende Kommunikationsstruktur war gnadenlos dumpf und hätte nicht einmal in ein Zuchthaus gepaßt. Es gab nicht die geringsten Ansätze von Mitbestimmung oder Selbstachtung. Feldweibelnde Vorarbeiter bellten und brüllten ihre Befehle wie peitschenknallende Sklaventreiber auf einer Galeere in einem amerikanischen Monumentalfilm. Anstatt von frei-

heitsliebenden Schweizern sah ich mich plötzlich von abgestumpften und fremdbestimmten Männern umgeben, die sich gegenseitig an Anpassungsfreudigkeit und Duckmäusertum zu übertreffen versuchten und deren einziges Vorrecht darin bestand, die Gastarbeiter noch grober anzufassen, als sie selbst angefaßt wurden.
Es wurde gebuckelt, gestrampelt, geschmeichelt, geflucht, und es wurde für mein Verständnis unvorstellbar hart gearbeitet, und zwar unter gesundheitlichen und räumlichen Voraussetzungen, die in keinem Verhältnis standen zu jener fahnenschwingenden heilen Schweiz, wie sie in hilflos lächerlich nachklingenden Reden beispielsweise am 1. August von Drittklaßpolitikern heraufbeschworen wurde. Ich begann mich zu wundern über das Bild, das die offizielle Schweiz sich selbst vorgaukelte. Es hätte wirklichkeitsferner und selbstbetrügerischer nicht sein können.
Da es sich bei der Fabrik um eine Fleischfabrik handelte, der ein Schlachtbetrieb angegliedert war, in welchem elementare Gewalt und der Tod plötzlich so unritualisiert, so unverschleiert als Teil eines Produktionsprozesses zutage traten, wurde meine Konfrontation mit der Realität ins schier Unerträgliche gesteigert.
Mit einem Mal wußte ich viel zu viel. Ich wußte plötzlich, worauf ein großer Teil des Reichtums wirklich beruhte, ich wußte, daß ich so nicht leben konnte, und ich wußte, daß meine Aussichten auf Glück und Erfüllung in diesem Land als gering, wenn nicht unmöglich einzuschätzen waren. Bereits an meinem allerersten Arbeitstag begann ich meine Flucht zu planen.

Acht

Vorerst aber galt es auszuhalten und zu überleben. Ich weiß noch heute nicht, ob es einfach der Mangel an Alternativen oder aber auch eine gewaltige Überdosis an gutschweizerischem masochistischem Erbgut war, die mich antrieben, dieser abstoßenden Wirklichkeit nicht nur nicht auszuweichen, sondern mich ihr voll und ganz auszusetzen. Der Widerspruch zwischen der Vorstellung vom privilegierten Leben in der weltweit bewunderten Musterdemokratie und der Realität dieser Reichtum absondernden Produktionsmühle, in der sich angeblich freie Schweizer auf eine Weise freiwillig aufreiben ließen, die an frühkapitalistische Exzesse, wenn nicht an Sklaverei erinnerte, war allerdings kaum auszuhalten. Wo, wenn nicht hier, mußte dieser eigenartig bittere Zug um den Mund von Leuten, die sich bemüht glücklich und erfolgreich gaben, seinen Ursprung haben?
Ich lernte früher, als mir guttat, daß diese Fabrik überhaupt kein geschlossenes System darstellte. Sie lief zwar wie geschmiert, doch nur, weil die ächzenden, die quietschenden Teile laufend ausgestoßen und anderswo deponiert wurden. Ich konnte miterleben, wie unbewältigter Frust in die protzerischen, selbstaufwertenden Stammtischparolen umschlägt, auch wie er plötzlich in Form von Haß auf unschuldige Objekte niederfährt. Was von den fast durchwegs menschlich und gesundheitlich überforderten Arbeitern sonst an Krankheits- und sozialem Zerrütungspotential in die Welt hinausgetragen wurde, konnte sich meiner Vorstellungskraft nicht entziehen.
Das Reflexionswerkzeug und die einzigen Erklärungsmodelle, die dieser brutalen Wirklichkeit der industrialisierten Arbeitswelt etwas entgegenzuhalten hatten, lieferten die sozialutopischen Ideen, die damals, Ende der sechziger

Jahre, diskutiert wurden. Es war auch dem Umsichgreifen dieser Ideen zu verdanken, daß sich da und dort endlich längst überfällige Bewußtseinsprozesse anbahnten, die der heuchlerische Mythos von den selbstbestimmenden Musterdemokraten so lange aufzuschieben vermocht hatte.

Neun

Umgeben von Entfremdung und Verdrängung, konfrontiert mit Leiden und Ungerechtigkeit, konnte ich als frühkindlich programmierter Mitträger einer beispiellosen humanitären Tradition gar nicht anders, als mich auch zu engagieren. Daß ich meinen bescheidenen Widerstand von damals heute andeutungsweise und mit schwarzen Balken durchsetzt auf einem bundespolizeilichen Fötzel dokumentiert sehe, widerlegt nicht nur die vielgerühmte freie Meinungsäußerung und die Versammlungsfreiheit. Dieser peinlich berührende Verhältnisblödsinn zeugt zudem von einem infantilen, unreflektierten Festhalten an allem Bestehenden, als wären die Schweizer noch gottgewollten Zwängen ausgelieferte Bergbauern im Land ihrer Folklore und nicht Bürger eines sehr erfolgreichen und offensichtlich auf nichtpolitischen Gebieten erneuerungsfähigen Industriestaates.

Zehn

Ich war zwanzig Jahre alt, als ich im Hafen von Liverpool meinen Koffer auf den Ozeandampfer EMPRESS OF CANADA trug, um mich in einer lukenlosen Sechserkabine für die Überfahrt nach Montreal einzurichten. Die Mehrzahl der Passagiere waren Immigranten aus England, Irland und

Schottland, die ganz genau wußten, was sie von dieser Reise erwarteten, und, auch da im Gegensatz zu mir, das Schiff nur deshalb dem Flugzeug vorgezogen hatten, weil es ihnen erlaubte, fast ihr ganzes Hab und Gut mitzuführen. Ich dagegen war auf einem Schiff, weil ich dieses Weggehen als befreienden Ausbruch empfand, den ich auskosten wollte. Langsam und genießerisch wollte ich hinter mir die Küste des alten Kontinents im Dunst zerrinnen sehen.

Es waren in der Tat dann auch euphorische Momente. Wohl um meinen überschwenglichen Gefühlen etwas entgegenzuhalten, schrieb ich laufend allerlei Kitsch in ein Notizbuch. Darüber, daß sich ein beträchtlicher Teil jener Schwierigkeiten, die ich an der Schweiz festmachte und von denen ich glaubte, daß sie mir vor meinem Glück standen, ebenfalls an Bord geschlichen hatten, darüber habe ich damals allerdings noch kein Wort verloren.

Es mag wie eine Platitüde klingen, doch muß man vieles erst erleben, bevor man es richtig wissen kann. So dauerte es nur ein paar Jahre, bis sich die irrige Meinung, die Schweiz hätte politische Heuchelei, kleinbürgerliche Selbstbeschränkung, Korruption, Geiz und Gier, soziale Ungerechtigkeit, überhaupt alle Untugenden in einem weltweit geachteten Exklusivvertrag für sich gepachtet, verflüchtigt hatte. Bald sollte mir auch bewußt werden, daß sich eine über zwanzig Jahre gewachsene Identität auf einen Raum, auf eine Sprache, kurz, auf eine Kultur bezieht und sich mit zunehmender zeitlicher und geographischer Distanz nicht einfach auflöst, sondern im Gegenteil erst im Widerstreit mit neuen und andern kulturellen Werten ihre eigentliche Form gewinnt.

Ich habe mich gewehrt, bin geflüchtet, ausgewandert, habe mir sogar einen zweiten Paß verschafft, aber ich mußte einsehen, daß es kein Entrinnen gab. Es half alles nichts: einmal Schweizer, immer Schweizer.

Elf

Ich erinnere mich, wie ich 1981 bei einem Besuch in der Schweiz, die ich damals seit vier Jahren nicht mehr betreten hatte, auf dem Berner Kornhausplatz stehenblieb: Da war wieder der Chindlyfresser-Brunnen, auch der Zytglogge-Turm, und ich wunderte mich plötzlich, daß ich dort stehen durfte, ohne daß jemand Eintrittsgeld verlangte. Nein, meine Stadt kam mir nicht geleckt, auch nicht zu Tode renoviert vor, ich empfand ihre Gepflegtheit vielmehr als menschlich wohltuend, konnte gar nicht verstehen, warum die Leute so geschäftig herumliefen, als wären die hier vorherrschenden ästhetischen Dimensionen eine weltweite Selbstverständlichkeit.

Bei einem Ausflug auf den Brienzersee, wo überall spielzeugfarbige Bähnchen hinauf und hinunter und ununterbrochen Züge hin und her fuhren, wo Dampfer kreuzten, wo mir ein sich im Anflug auf die Landepiste von Bönigen befindendes und schon damals überaltertes Militärflugzeug absolut niedlich vorkam, konnte ich mich des Gefühls nicht erwehren, mich mitten in eine gigantische Modelleisenbahnanlage hinein verirrt zu haben. Die Landschaft war unnatürlich bezaubernd, die Berge sahen aus, als wären sie erst am Tag zuvor gemeißelt worden, die Menschen waren zwar meist verhalten, ja griesgrämig, aber trotzdem nicht nur geduldig und freundlich, sondern in ihrer zurückhaltenden Behäbigkeit manchmal sogar liebenswert.

Mir entging damals nicht, daß sich der Kulturlandschwund vielerorts in einer galoppierenden Phase befand. Das Mittelland präsentierte sich wie eine einzige riesige Stadt, über der abends eine Dunstwolke von sehr zweifelhafter Farbe hing. Auch daß der allgegenwärtige Lärmpegel gestiegen war, konnte ich nicht überhören. Dennoch: Der Lebens-

rhythmus schien mir bekömmlich, und daß sich quer durch die Bevölkerung ein Wohlstand breitgemacht hatte, der alles übertraf, was ich aus andern Ländern kannte, war offensichtlich.
Von alten Bekannten und Freunden wurde ich aber bald eines Besseren belehrt: Nichts hatte sich verändert. Dieses Land war weiterhin Quell und Hort aller Ungerechtigkeit, was allerdings unwichtig war, denn diese Schweiz, die sich mir eben noch so paradiesisch dargestellt hatte, stand angeblich nicht nur unmittelbar vor ihrem moralischen Bankrott, vielmehr hatte ihr ökonomischer Untergang bereits begonnen, und der unvermeidliche und absolut totale ökologische Kollaps konnte höchstens noch um ein paar Wochen hinausgeschoben werden.
Daß meine auf andern Kontinenten gesammelten Erfahrungen kaum jemanden interessierten, hatte ich zwar schnell kapiert, doch in Anbetracht der sich anbahnenden Katastrophe erlaubte ich mir, wenn auch nur, um Trost zu spenden, auf mir bekannte, hundertmal drastischere Zustände zu verweisen. Prompt wurde ich aber des beschönigenden und verharmlosenden Relativierens beschuldigt. Ein Vorwurf übrigens, an den ich mich mit den Jahren gewöhnen sollte.

Zwölf

Kein Zweifel: Im eidgenössischen Mythenkabinett aus meiner Kindheit ist inzwischen gründlich abgestaubt und aufgeräumt worden. Falsche Helden sind von ihren Sockeln gefallen, andere hat man auf ihre wahren Füße gestellt. Das gelobte Land des Kaugummis hat seine Verheißungskraft eingebüßt. Nasser, der böse Mann vom Nil, wurde zwar alle paar Jahre durch andere Bösewichte ersetzt, doch weder

Arafat noch Ghadhafi vermochten sich als absolute Herrscher zu behaupten, denn das Böse wurde nun endlich heimgeholt. Es inkarniert sich heute in den heimlichen Imperialisten der Zürcher Bahnhofstraße, zwecks günstigerer Zugänglichkeit manchmal auch in deren Dienern, die sich gemäß verbreiteter Vorstellungen vorwiegend in den Polizeidirektionen größerer Städte verstecken. Die Maske des Roten Kreuzes ist gefallen, die humanitäre Tradition ist endlich der Scheinheiligkeit überführt worden. Um ihre internationale Präsenz besonders für die Kinder dennoch zu wahren, wenn auch unter umgekehrten Vorzeichen, hat man auf die Aktivitäten des landeseigenen Nahrungsmultis zurückgegriffen. Schließlich wurde auch der Mythos der Freiheit zerschmettert: Die in totaler Unfreiheit unterdrückten Minderheiten haben ihre Stimmen gefunden und fordern Gerechtigkeit. In ihrem Kampf haben sie eine Reiseemsigkeit entwickelt, wie sie die Geschichte der Menschheit noch nie gesehen hat: Protestmärsche in den Vorstädten von Mexico City gegen die Schweizer Wohnungsnot sind nur noch eine Frage der Zeit. Vermutlich werden demnächst auch in Buenos Aires Hunderttausende auf die Straße gehen, um in Solidarität mit den schweizerischen Bundesbeamten für diese auch bei einem Einkommen von über 100 000 sFr. den vollen Teuerungsausgleich zu fordern. Demonstrationen gegen die rassistischen Auswüchse in der Schweizer Sozial- und Asylpolitik stehen auf allen Kontinenten unmittelbar bevor. Auch kann man sich in New York und in Tokio bald kaum mehr eine mit Graffiti übersprayte Lagerhauswand vorstellen, auf der nicht auch in großen Lettern zu lesen wäre: NIEDER MIT DEN SCHWEIZER BANKEN beziehungsweise STIMMRECHT FÜR APPENZELLERFRAUEN!

Persönliches Nachwort

Nein, die Schweiz ist bei weitem nicht die beste aller Welten. Ihre Spitzenposition in einschlägigen Statistiken, handle es sich um Krebs, Aids, Selbstmord oder Herzversagen, spricht für sich. Die hirnlos vorangetriebene Verwandlung jeglicher Lebensgrundlage in vermarktbare und kapitalschaffende Konsumgüter ist eine Tatsache. Ihren Preis und ihre Konsequenzen kann man kennen, wenn man will.
Trotzdem: Die Mehrheit der Schweizer lebt in einem unvergleichlichen Wohlstand, sie sind höchstwahrscheinlich auch das am meisten reisende Volk der Weltgeschichte. Es stünde deshalb gerade ihnen gut an, wenn sie ihr Denken und auch ihr Verantwortungsbewußtsein in jene Teile der Welt ausdehnten, die sie längst zu den Märkten ihrer Produkte, aber auch zu ihrem eigentlichen Lebensraum gemacht haben. Einfühlsame Auseinandersetzungen mit Zuständen jener Orte, die man so unermüdlich bereist, lösen bestimmt nicht einfach so nebenbei die Probleme im eigenen Land, aber sie könnten zu diesen Distanz schaffen, könnten behindernde, selbstbezogene Verbissenheit abbauen. Natürlich geht es nicht darum, weniger privilegierte Teile der Welt auch noch dadurch auszubeuten, daß wir ihre Konflikte importieren, um in lächerlichen Nationalratsdebatten über innerafrikanische Spannungen eigene innenpolitische Stellungskriege zu führen. Aber mehr Abstecher zu ferneren Horizonten könnten zu einem souveränen Selbstbewußtsein verhelfen, dem es gelingen müßte jene berühmte Enge, die uns so viel Lebendigkeit kostet, die auch so oft beklagt wird, aber eigentlich nur noch in den Köpfen existiert, zu sprengen, um die Schweiz endlich aus dem Mittelpunkt der Welt zu entlassen, wo man sie uns in unseren Kinderphantasien angesiedelt hat.

Jürg Federspiel

Schmelzende Gletscher der Reinheit

Die CH und die USA

Gespräche mit George F. Maxwell zum Beispiel und anderen

«O Switzerland! Je weiter es sich uns im Dunst der Zeit entzieht, um so schier unertragbar entzückender wird sein Charme ... Da gibt es Berge und Berge und Berge auf dieser Welt, doch nur *diese* hören nicht auf, das Herz zu entzücken. Ich frage mich, was das Geheimnis sein mag. Nun, immer und immer wieder scheint mir, daß ich alles fallen lassen muß, um in diese Schweiz zu entfliehen. Es ist eine Sehnsucht, eine tiefe, starke, heftige *Sehnsucht*, ja, das ist das Wort ...»

So schreibt Mark Twain im Jahre 1878 seinem Freund J. Twichell.

Und später, krank, gealtert und zutiefst pessimistisch, unternimmt er mit Frau und Töchtern wieder eine Reise in die Schweiz. Keine unbeschwerliche Reise damals, wie man weiß, doch seine Euphorie ist ungebrochen, und von Interlaken aus erblickt er die Jungfrau, die «eindrucksvollste Bergmasse, welche diese Erde zeigen kann».

Er scheint kaum Atem zu finden vor Begeisterung: «Das erste Gefühl des Angereisten, der sich unversehens vor jener ehrfurchtgebietenden Erscheinung – eingehüllt in ein Schneetuch – befindet, ist ein atemraubendes Erstaunen. Es ist, als ob die Tore des Himmels sich geöffnet und den Thron enthüllt hätten.»

Mark Twain ist nicht der einzige amerikanische Schriftsteller, der im vergangenen Jahrhundert die Schweiz bereiste.

Washington Irving (1783–1859), bei uns vor allem für «Rip Van Winkle» bekannt, beschreibt in seinem *Sketch Book* das luzernische Städtchen Gersau: «Es scheint abgeschlossen zu sein vom Rest der Welt und hat die goldene Einfachheit eines reineren Zeitalters zu bewahren vermocht.»

Auch James Fenimore Cooper (1789–1851), Verfasser der «Lederstrumpf-Erzählungen», bereiste, viel früher als Mark Twain also, die Schweiz und geriet beim Anblick eines Gletschers fast außer sich: «Es war Vollmond, und ich ging hinaus, um die Wirkung des Lichtes auf die hohen Gletscher zu sehen: sie waren sogar noch unirdischer, unwirklicher in ihrer Erscheinung in diesem klaren, sanften Licht.»

Und nochmals Mark Twain, glühender für die Schweiz denn je, er hatte Tage zuvor den Vierwaldstättersee und das Rütli besucht: «Das Rütli ist eine einsame kleine Wiese, aber ich weiß nicht, wie irgendein Stück Boden heiliger sein könnte oder besser wert, daß Ozeane und Kontinente durchquert werden, um es zu sehen, da ja die große Dreieinigkeit der Schweiz vor 600 Jahren hier ihre Hände vereinigte und jenen Eid schwur, der ihr versklavtes und beleidigtes Land für immer frei machte.»

Ich werde auf Mark Twain zurückkommen.

Mein Freund George F. Maxwell, 1915 in Philadelphia geboren, Anwalt von Beruf und natürlich *retired* (pensioniert); seit mehr als vierzig Jahren mit einer Schweizerin verheiratet, Stephany geb. Gredinger aus Chur, deren Eltern nach Amerika auswanderten, nach New York, wo sie Jurisprudenz studierte («In der Schweiz wäre ich damals von den

Professoren kaum ernst genommen worden»), und die ihre Praxis vor der Zeit aufgegeben hat, weil sie mit ihrem Mann reisen wollte. Reisen, möglichst viel reisen, «um die Gewißheit des doch allzu kurzen Lebens dergestalt zu verlängern».

George: «Ich wüßte kein Land, wo ich so viele weltbereiste Leute kennenlernte, wie die Schweiz, schon bevor die alles verschlingende Schlange des Tourismus sich zu regen begann» – ja und alle drei oder vier Jahre kämen auch sie in die Schweiz ...

George F. Maxwell und seine Frau hatte ich im Sommer 1968 in New York kennengelernt, an einer Party von Schweizern, die einander aus ehelichen oder freundschaftlichen Gründen kannten, als Schweizer eben.

George ähnelt übrigens einem amerikanischen Richter aus dem Film, weißhaarig und würdevoll, ja, Spencer Tracy fällt mir da ein. Und seine Frau Stephany sieht sogar der Schauspielerin Katharine Hepburn nicht unähnlich. Warum er die Schweiz möge, fragte ich ihn damals, ein Glas Schweizer Weißwein (importiert) in der Hand haltend.

Er räusperte sich: *«Because it's white, nice, clean and friendly.»* Und damit ließ er mich stehen, damals bei jener ersten Begegnung.

«Weiß, nett, sauber und freundlich?» Was meinte er wohl damit. Ein Rassist aus Tennessee oder Georgia?

Ich war ziemlich verdutzt.

Später am Abend, angesäuselt, kam ich mit einem *real New Yorker* Paar ins Gespräch. Er hieß Bob, und seine Frau hieß Jane, keine Schweizer Verwandtschaft, bloß freundlich-zugewandte Orte der Gastgeber. *«Nice to meet you! Fine people, the Swiss!»*

Kürzlich, erzählte Bob, habe er erfahren, daß fast jeder Schweizer Mann ein Gewehr, das Militärgewehr, zu Hause in

einer Ecke oder einem Schrank stehen habe, mit Munition, ob dies wahr sei? fragte er fast ehrfürchtig. Ich nickte bestätigend.
Bob und Jane starrten sich gegenseitig an, dergestalt, als hätten sie schon lange Lust, sich umzubringen, was möglicherweise auch der Fall war.
Schließlich unterbrach Bob, auch er ein älterer Herr, das Schweigen. Er sagte nachdenklich: «*Omygod*, New York wäre unter diesen schweizerischen Verhältnissen ein einziger Friedhof.»
Seine Frau nickte. Sie hätten letztes Jahr die Schweiz besucht und eigentlich *alle* Berge gesehen. Ob ich Ski fahren könne?
Ich bejahte. Im Winter hätte ich sogar meinen Schulweg auf Skiern machen müssen, weil die Straße zu unserem Haus frühmorgens noch nicht gepfadet, das heißt vom Schnee befreit worden war. Dreißiger und vierziger Jahre in Davos. «Was für ein Abenteuer!» bemerkten beide wie aus einem Mund fast ehrfürchtig, so als wäre ich eine Art Huck Finn of the Alps: *«All that snow! Terrific!»*
Dann kam Bob nochmals auf das Armeegewehr zurück, suchte nach Worten und meinte dann abschließend, die Schweizer seien halt tatsächlich ein friedliches Volk.
Ich versuchte zu widersprechen, die Schweiz sei eben mehrere hundert Jahre lang nicht mehr angegriffen worden, und man habe uns – Dank sei Gott im Himmel – in Frieden gelassen.
Bob antwortete, er glaube nicht an Gott, es müsse etwas anderes gewesen sein.
Ich bemerkte, daß auch ich nicht gottesgläubig sei, ganz und gar nicht, und bei diesem Gedankenaustausch wurden wir natürlich beide etwas verlegen, wie dies oft bei Atheisten der Fall ist, wenn sie unerwartet und unbekannterweise ins

Gespräch kommen. Atheismus ist unter Atheisten kein Gesprächsstoff.

Jane goß hörbar Martini in die Kehle und begann wieder von den Bergen zu reden.

Welcher Berg ihr denn am meisten gefallen habe? Das Matterhorn?

«Das Matterhorn?» Sie begann zu lachen. «Nein, ganz und gar sicher *nicht* das Matterhorn in der *Schweiz*!»

«Welches sonst?»

«Das Matterhorn im Disneyland ist viel, viel realistischer!» erklärte Jane kategorisch. «Kein Vergleich!»

Ich war mit ihr einverstanden. Wenn schon Matterhorn, dann Disneyland. Je schlimmer, desto besser.

Hundert Jahre nach Mark Twain.

Wir tranken noch ein paar Gläser, und ziemlich später erkundigte sich Bob höflich, ob ich außer dem Gewehr auf meinem Bauernhof auch ein paar Kühe hätte.

Bob war ziemlich blau, als wir uns verabschiedeten, und erkundigte sich nicht ohne hinterhältige Bosheit, ob ich jemals Hemingways *Hommage à la Suisse* gelesen hätte.

Ja, ich erinnerte mich. Da war nichts mehr von der Naturschwärmerei der großen amerikanischen Kollegen aus dem 19. Jahrhundert – das war die Schilderung von Schweizern in Montreux, Vevey und Territet, eine Short Story, in den zwanziger Jahren verfaßt. Die Schweizer und Schweizerinnen, die im jeweiligen Bahnhofrestaurant der drei Städtchen vom Ich-Erzähler ins Gespräch gezogen werden, sind geistig uniforme, beschränkte Tölpel und Deppen, die keine Ahnung haben, was sich jenseits der Bergwelt abspielt, und um die Monotonie der Beschränktheit gleichsam zu verstärken, sind es drei Ich-Erzähler, die mit kleinen Varianten die Schweizer «illustrieren». Die Satire (eher eine Giftelei, wie reziprok auch jeder Schweizer ein Städtchen im amerikani-

schen Westen beschreiben könnte) gipfelt in einer Begegnung eines gewissen Mr. Harris mit einem älteren Herrn, einem Schweizer mit Namen und Titel *Dr. Sigismund Wyer, PhD. Mitglied der National Geographic Society, Washington D. C., USA* – so seine Visitenkarte –, der tatsächlich zu glauben scheint, Amerikas Intelligenzija bestünde einzig und allein aus Mitgliedern, das heißt Abonnenten der genannten Zeitschrift.
Soweit das freilich fragmentarische «Bild» der Schweiz in der amerikanischen Literatur (nicht inbegriffen sind zum Beispiel Schriftsteller wie F. Scott Fitzgerald), der seine geisteskranke Frau Zelsa zu Prof. P. E. Bleuler gebracht hatte...

Tagebucheintragung 1968

4. April, Martin Luther King ist ermordet worden. Der Rabbiner Louis Finkelstein spricht am Fernsehen. «Amerika ist die größte Macht auf dieser Erde.» Er sagt es langsam und mit Würde. «Doch es hat die geistige Führung vergeben und verloren, ich spreche jetzt von jener geistigen Führung, auf die dieses Land zur Zeit seiner Gründung Anspruch hatte. Zu den Männern, von denen wir hofften, daß sie in zwanzig und dreißig Jahren nicht nur zu ihrem Land, sondern zur ganzen Welt würden sprechen können, gehörte Martin Luther King.»
Der Prediger einer Kanaanitischen Gemeinde ruft: «Das Böse ist nichts Abstraktes, seine Wirkungen sind konkret; bös sind Armut, Arbeitslosigkeit und der Verlust der Selbstachtung.»
Die Kamera hält die Gesichter der Zuhörenden fest.

9. April, der schwarze Dienstag. Sogar Banken sind geschlossen, Läden, alle Schulen, Kinos auch, Theater: Während des ganzen Vormittags wird vom Fernsehen die Beisetzung Martin Luther Kings übertragen. «König und Lorbeeren», sagt einer seiner Freunde. Man hat ihn ins Gefängnis gesteckt, man hat auf ihn geschossen, man hat seine vier Kinder bedroht, man hat versucht, sein Haus in Brand zu stecken, man hat ihn geschlagen, man hat Bomben vor die Tür seines Hauses gelegt, man hat ihm den Nobelpreis verliehen, 540 000 Dollar, die er den Bürgerrechtskämpfern gab, man hat ihm dreihundert Auszeichnungen verliehen – und man hat ihn umgebracht.
Man.

Ein paar Tage später fragen mich Freunde, ein schwarzer Lehrer und seine Frau, auch Lehrerin, ob es wahr sei, daß im Swiss Center an der Fifth Avenue von mehreren Leuten geklatscht wurde, als die Meldung von der Ermordung Martin Luther Kings eintraf.
Ein paar Schweizer Freunde bestätigten das ...

Tagebucheintragung, N. Y. 1968. Die politischen Ansichten der Landsleute sind (zu Hause angehört und geduldet) teigig, da es keine Extreme gibt; außer Land gerät die Neutralität sehr rasch in Gefahr, besonders wenn man sich verteidigen, wenn man Stellung nehmen muß. Die Annahme, man erführe im Ausland, was der Schweizer eigentlich denkt, ist irrig. Er *denkt* im Ausland (nicht gleich, doch nach Monaten) etwas anderes, etwas der Situation Entsprechenderes; das hat nichts mit schnödem Opportunismus zu tun – es ist eher ein sich anpassender Realismus (keine Tautologie, nein): man vergißt neben den Idealen auch die Phrasen und schafft

sich mit der angeborenen oder anerzogenen Realistik munter eine neue Optik.
Die vaterländische Vision vergißt sich.
Ich traf einen Landsmann, der war überzeugt (und führte es lange aus), daß es ohne Neger kein Negerproblem gäbe. Zum Beispiel.
Er kannte auch die Ursachen anderer Probleme.

Brief eines Freundes aus den USA

Lieber J. F.

Du schickst mir Deinen Text über unsere Landsleute in den U.S. und bittest mich zudem um einen Kommentar! Ausgerechnet mich ...
Du weißt, daß L. und ich vor 32 Jahren hierhergekommen sind, zuerst New York, dann Westchester N.Y., ich als Graphiker, L. als Photographin, und mit dem ersten Kind P., Du weißt. P., damals fünf Jahre alt, hat sich – so grotesk das tönt – nie als Amerikaner empfunden, er wollte Schweizer bleiben, machte dann – wie Du auch weißt – eine Lehre als Konditor in Basel. (Weißt Du übrigens: das schönste Geschenk, das er als Kind erhalten hatte, war der ausgetragene Militärtornister meines Vaters, braunes Fell und so. Er trug ihn wie einen Orden und ließ sich von seinen amerikanischen Freunden nicht beirren, schließlich bewunderten sie ihn sogar, den Tornister, den er beim Schlafengehen neben das Kopfkissen legte.)
Ich bin in all den Jahren *nicht* amerikanischer Staatsbürger geworden. Warum? Es ist mir einfach wurscht. Sicher ist eines: auch den berühmten Lebensabend möchte *ich nicht* in der Schweiz verbringen. «Verriisset nöd d'Schnure, gännt

nöd aa und frässet, was uff de Täller chunnt.» Etwa so lautet das Motto bei uns. Mein Vater war übrigens ein nicht schlecht bezahlter Arbeiter in W., aber eben ein Arbeiter, ein Schweizer Arbeiter. Das Wort «Kommunismus» ließ ihn (nicht anders als einen amerikanischen «Füdlibürger»!) fast erbleichen, er empfand es geradezu als Verrat an seinem Arbeitgeber, ja nicht vergessen: er hatte die Wirtschaftskrise der zwanziger und dreißiger Jahre miterlebt, und wenn es am Abend mit der Rösti einen Chlöpfer für *ihn* gab, dann schnitt er jedem der drei Kinder ein Rädchen ab. Die Mutter wollte nichts.

Das «Nöd-d'Schnure-Verriisse» – das ist mir geblieben, *oderrr?* Erst lange Zeit später (L. und ich besuchten jedes Jahr unsere Eltern) wurde mir klar, daß dieses (*nöd d'Schnure verriisse*) eine Schweizer Lebensphilosophie ist. Die Nachbarn sind *«ruegi Lüüt»* (ruhige Leute), *«me cha nid chlage»* (man kann nicht klagen). Ruhe ist tatsächlich erste Bürgertugend, und daß man nicht klagen kann, hat schon fast euphorisches Ausmaß für Schweizer, scheint mir. Dann, wenn schon von Ruhe die Rede ist: Die Kinder! Kinder machen Lärm, zum Beispiel wenn sie reden oder spielen. Ein Kind ist Ursache von Lärm. Sogar der Hund ist zuweilen beunruhigt und bellt deswegen.

Was mir bei unsern Besuchen in der Heimat immer auffällt: diese bittere Miene! Das ist weit entfernt von der brutalen krassen New Yorker Unhöflichkeit im Alltag, wenn man auch nur nach einer Adresse fragt, Du weißt: «Fuck you!» Nein, man ist mürrisch. Im nächsten Augenblick jedoch: Freundlichkeit! «Wohin möchten Sie? Schauen Sie, gehen Sie nun hundert Meter weiter, dann kommt eine Seitenstraße – usw.» Warum?

Wenn ich Jugendfreunde treffe (es sind immer weniger, und zwar aus vielen Gründen), dann werden sie am späten Abend bitter, besonders wenn diese Ehemaligen von ihren Reisen erzählen oder noch schlimmer: von ihrem Leben im Ausland. «Bleibe daheim und nähre dich redlich» (jenes Sprichwort!), da bricht plötzlich etwas aus. Eine Frau beginnt zu weinen oder ein Mann idiotische Schulanekdoten zu erzählen, bloß um irgendeinen Kollegen von damals zu beleidigen. Lebensneid nennt man das, glaub ich.* Einmal mußte ich von einem ehemaligen Schulkollegen hören: «Uns imponiert das nicht, wenn einer in Amerika Erfolg hat.» Besoin de Grandeur? Hat nicht ein Schweizer Schriftsteller darüber geschrieben? – Uff!

Ich habe eine Nachtpause eingeschaltet. Irgendwie sind wir schon *armi Sieche*, wir Schweizer. Ich bin ja auch Patriot, trotz allem. Warum schnöden alle über die Sauberkeit der Schweiz und klönen über die Sauerei in den Straßen New Yorks? Die schlimmsten sind übrigens die Deutsch-Amerikaner, die sich lustig machen über die Sauberkeit. War Sauberkeit nicht immer eine hochgelobte deutsche Tugend?

Was willst Du sonst noch wissen?

Ah ja, kürzlich an einer Party (trostlos wie meistens) unterhielt ich mich mit ein paar Intellektuellen über Kunst. Namen fielen, wie üblich, auch die Namen Giacometti, Tinguely. Ich ließ die Bemerkung fallen, nämlich, es seien beides Schweizer. *Swiss!* Man lachte amüsiert, und ich ärgerte mich über meine Bemerkung. Wahrscheinlich hätte man in Paris gelacht, wenn ich Blaise Cendrars als Schweizer Künstler bezeichnet hätte oder Le Corbusier, der zur nämlichen Zeit an der nämlichen Straße wie Cendrars ein paar Jahre seiner Jugend verbrachte.

* Nietzsche: «Wer mit sich unzufrieden ist, ist fortwährend bereit, sich dafür zu rächen.»

Das wär's. Ich hoffe, Du kannst ein bißchen etwas damit anfangen.

Dein K. M.

PS. L. meint, Du solltest HEIDI nicht vergessen! Ach ja, noch etwas: Kannst Du Dir vorstellen, daß etwas *Schweizerisches* auf der *New York Times* die *front page* schmückt? Da gab es etwas, ich glaube im Herbst 1967. Da haben die Basler nämlich Picasso entdeckt, nein, es war so: als irgendein Sammler, der seine Picassos, die in die ständige Ausstellung des Basler Kunstmuseums gehörten, seine Bilder zurückverlangte, aus Geldmangel oder so, jedenfalls wollte er sie verkaufen. Dann gab's einen Sturm in der Stadt, die eine Hälfte war dagegen, die andere dafür, nämlich, daß die Stadt mit den Steuergeldern der Basler Bürger die Picassos kaufen solle! Im Dezember fand dann eine Abstimmung statt: Die Bürger stimmten für den Kauf der Sammlung, für etliche Millionen Franken! Dies war zwar nur eine winzige Spalte eben auf der *front page* der *New York Times*, doch meine Freunde konnten sich kaum fassen, daß eine Stadt mit nicht einmal einer halben Million Einwohner sich derart für Kultur einsetzt. Bei uns, sagten fast alle, wäre so etwas nie möglich, nie, schon weil keine dreitausend Leute in einer Stadt von dieser Kleinheit den Namen Picasso überhaupt gekannt hätten, geschweige denn solches Zeug auch noch mit Steuergeldern erwerben würden.
In diesem Sinne – Dein K.

Im Herbst des vergangenen Jahres befragte ich ein paar Germanistikstudenten im New Yorker *Graduate-Center* an der 42. Straße nach ihrem Bild der Schweiz. Wesentliche (mein Gott!) Stichworte lauteten so:

Weiß ... Alpen ... Schön ... Uhren ... Neutralität ... Gletscher ... Ski laufen ... Käse ...

Ich frage: «Was meinen Sie mit ‹weiß›?»

Antwort: «Ich denke, die Schweiz ist einfach weiß, ohne Schmutz und ganz sauber. Dann eben der Schnee, der ist ja auch weiß.»

Gelächter.

Frage: «Und die Städte?»

Antwort: «Ich habe nur von *einer* Stadt gehört. Genf. Aber sonst nichts Modernes. Keine Wolkenkratzer, kein Flughafen.

Frage: «Und wie stellen Sie sich Genf vor?»

Antwort: «Ja, diese internationalen Kongresse, ich weiß ... Ich weiß nicht – ich denke, die Teilnehmer treffen sich in großen mittelalterlichen Hallen. Die Schweiz und Genf sind wahrscheinlich zwei verschiedene Dinge.»

Frage: «Und die Industrie? Gibt es keine Industrie? Chemische Industrie zum Beispiel?»

Antwort: «In der Schweiz? Nein, das ist mir kein Begriff.»

Frage: «Und die politische Schweiz?»

Antwort: «Neutral eben. In meiner Phantasie ist die Schweiz ein Zufluchtsort; ein Land, dessen Freiheit irgendwie versichert *(sic!)* ist, ohne daß sich die Bewohner darum kümmern müssen; ein Land der Privilegierten. Sie sind neutral, weil sie gleichgültig sind und an den geschichtlichen Verwirrungen profitieren können. Deshalb die Banken.»

Frage: «Gibt es Kultur in der Schweiz?»
Als Germanistikstudenten kennen natürlich alle die Namen Frisch und Dürrenmatt.
Weiter; eine amerikanische Studentin türkischer Abstammung, trotzdem nicht untypisch: «Die Schweiz erinnert mich an die Geschichte der Türkei. Da war das Abkommen 1923. Ich hoffe, daß ich mich richtig erinnere. Dann kam die Unabhängigkeit in der Politik. Der Reichtum und die drei Sprachen, die in einem so kleinen Land gesprochen werden, sind die Sachen, mit denen ich die Schweiz in Verbindung bringe. – Die Türkei hat nach dem Ersten Weltkrieg die Schweiz als Vorbild genommen. Was mich immer wundert, ist, daß die türkischen Frauen das Stimmrecht bereits in den dreißiger Jahren erlangt haben; früher als viele Länder, und eben die Schweiz.»
Pause.
Frage: «Und HEIDI? Nie gehört?»
Fröhliches Gelächter allerseits.*

Lebenslängliche «Schweizer»

Ein *lifer* ist ein Mann oder eine Frau amerikanischer Herkunft, der oder die durch den Beruf a) der Frau b) des Mannes dazu verurteilt ist, das Leben, das ganze Leben also in der Schweiz verbringen zu müssen: *lifer*, lebenslängliche Haft also.
Natürlich sind die *lifer* eher Frauen als Männer; sie leben vorwiegend in Zürich, Bern und Basel; Genf zählt nicht, Genf ist kosmopolitisch mit dem Hautgout des Snobismus und

* Dieser Diskussion wohnte Prof. Dr. Rolf Kieser bei, seit 1965 als Dozent in New York, Schweizer Bürger.

gilt damit als unschweizerisch. Wer in Genf leben darf, ist kein *lifer.*
In Basel treffe ich – im idyllischen St.-Alban-Tal – einen freiwilligen *lifer*, einen sehr jung aussehenden Amerikaner, der Lehrer für graphisches Zeichnen an der Basler Kunstgewerbeschule ist; er ist verheiratet mit einer Baslerin, hat zwei schon fast erwachsene Kinder, stammt aus Pittsburgh. In die Schweiz ist er gekommen, weil er vorerst dem *draft*, der Eingliederung in die Army, entgehen wollte – es war 1967, und der Vietnamkrieg befand sich sozusagen auf dem tiefsten Höhepunkt –, doch auch, weil er in den USA von der Graphikschule Armin Hofmanns gehört hatte – Hofmann, heute 71 Jahre alt, hatte seinen Stil erst in Yale zu Weltruhm gebracht, versteht sich: *the grand old man of graphic design ...*
L. Sh. und ich sitzen in eben diesem idyllischen Haus im St.-Alban-Tal: er ist seit 1967 nicht mehr in die USA zurückgekehrt. Das Wort «zurückkehren» macht ihn lachen. «Zurückgehen» würde – wenn schon – für ihn heißen, in die Schweiz *zurückkehren.* Sein Baseldeutsch hat einen etwas fremden, doch keineswegs amerikanischen Akzent.
Als Sh. damals in der Schweiz ankam (seine Unterlagen waren in Basel gutgeheißen worden, und man akzeptierte damit seinen Eintritt in die Kunstgewerbeschule), erreichte ihn nach etwa drei Wochen ein schweres Paket seiner Mutter. Inhalt: mehrere Dosen mit Bohnen und Maiskörnern. So etwas bekäme er in einem dauernd schneebedeckten Land wohl kaum zu essen, schrieb die besorgte Mutter in einem Begleitbrief. Kurze Zeit später, dies nur nebenbei, erhielt er von der Ford-Foundation ein mehrjähriges kleines Stipendium, das er vor allem wegen der Reputation der Graphik-Schule von Armin Hofmann und natürlich auch anderer hervorragender Lehrkräfte bekommen hatte. «Sie sind immer

ein bißchen zu spät, die Schweizer», meint Sh. sarkastisch, «wenn andere Länder bereits Autobahnen abzuschaffen beginnen, fängt man hier mit der Planung der Autobahnen an.» Er lacht.
«Euphorie kennt man hier nicht», sagt der freiwillige *lifer*, «Skepsis oder Vorsicht, Schiß sogar, sind typisch für die Schweizer. Le Corbusier anerkennen sie erst, wenn er weltberühmt ist, doch dann beginnen sie ihn fast ungestüm zu patriotisieren.»
Und weiter: «Der typische Schweizer ist unflexibel. Nicht stur. Einfach unflexibel. Nicht unbeugsam als Tugend, sondern einfach unflexibel. Warum? Vielleicht, weil er lustlos ist –»
Ich unterbreche ihn (ich bin ein Freund Armin Hofmanns seit mehr als vierzig Jahren!). «Armin Hofmann ist auch unflexibel, zuweilen sogar stur», behaupte ich und füge noch hinzu, daß mich das väterliche Urteil Armin Hofmanns jahrelang auch fast gelähmt habe in meiner Arbeit als Schriftsteller: Mühelos geschaffene Kunst oder Literatur könne nicht gut sein –
Sh. unterbricht nun mich: «Er mußte vielleicht *noch* sturer sein als die Leute, die ihn umgaben. Wie sonst hätte er seinen Witz, seinen Humor und seine bissige Ironie bewahren können?»
Zögernd erkläre ich mich einverstanden.
«Die Amerikaner fragen nicht, wenn sie etwas verkaufen wollen», fährt Sh. weiter, «Hauptsache, es wird verkauft. Das ist anders hier. Schauen Sie, zum Beispiel möchte ich für meine Dunkelkammer schwarzen Samt kaufen und gehe in ein Tuchgeschäft. Die Verkäuferin oder der Verkäufer schaut mich an und fragt – ohne persönliche Neugier übrigens – ‹für was wollen Sie schwarzen Samt haben?› Früher glaubte ich meinen Ohren nicht zu trauen. Was geht denn das

den Kerl an, sagte ich mir, doch er wiederholte stur seine Frage und erklärte mir schließlich, dieses und dieses Material sei dafür besser geeignet. Und dabei ist sein Vorschlag für das Geschäft weniger vorteilhaft!»

Ja, die merkwürdige Schweizer Eigenschaft zu erklären! Diese Mischung von Belehren, Besserwissen und es zugleich damit «gut» zu meinen, und Sh. fährt mit einer anderen Anekdote weiter:

«Ich pflanzte eine kleine Tanne in einem Holzkübel. Nach einiger Zeit stellte ich fest, daß die Wurzeln des Bäumchens mehr Umfeld, mehr Platz haben mußten. Ich ging in ein Geschäft für Gartenwerkzeuge etc. und erkundigte mich nach einem größeren Holzkübel – oder Topf. ‹Wozu möchten Sie ihn haben?› fragt der Verkäufer. ‹Für einen kleinen Baum›, antworte ich.

‹Bäume pflanzt man in den Boden›, sagt der Verkäufer, ‹nicht in Gefäße.› – ‹Ich habe aber keine Erde, keinen Boden – das Bäumchen steht auf einem steinernen Vorhof›, antworte ich. Der Verkäufer überlegt lange. – ‹Wissen Sie was›, sage ich, ‹dort drüben stehen große Aluminiumbehälter, die kann ich brauchen.› – Der Mann fixiert mich lange und bemerkt schließlich: ‹Darin kann aber Ihr Bäumchen nicht atmen.› – ‹Dann werde ich ein paar Löcher reinbohren›, antworte ich. ‹Löcher?› Der Verkäufer schaut mich entsetzt an. ‹Löcher? Wissen Sie, was so ein Aluminiumbehälter kostet?›»

Ja, so sind wir. Zuweilen sogar treuherzig besorgt um unsere Mitmenschen *und* um ihr Geld.

«Die Schweizer sind auch besserwisserische Aufpasser, Polizisten für das Ordentliche», sagt Sh.

Die Maxwells

Es ist ausgerechnet ein Bettag, an dem ich meine Freunde, die Maxwells, im Hotel *Zürich* abhole; – Bettag, wie man weiß, bedeutet: *Eidgenössischer Dank-, Buß- und Bettag*; die Museen sind geschlossen, die Theater und Kinos, sämtliche Läden auch, wie im Himmel soll ich meinen Freunden erklären, daß nur folgende Institutionen in Zürich geöffnet sind: das Zinnfiguren-Museum, der Botanische Garten, die Sukkulentensammlung und die Stadtgärtnerei. Wie verzweifelt muß ein Mensch sein, daß er das Zinnfiguren-Museum aufsucht! Die Nackedeien-Photos sind an diesem Tag im Nacht- und Stripclub *Terrasse* beim Bellevue aus den Vitrinen verschwunden – dem Reinen ist alles rein. Ich bin trotzdem sprachlos.
George Maxwell klatscht vor Begeisterung mit der Hand auf den rechten Oberschenkel.
«Das nenne ich Perfektionismus, echten Schweizer Perfektionismus», ruft er und will meine Bemerkung, es sei nackte Heuchelei, als kulinarische Zutat akzeptieren; in der Wut hatte ich – in wörtlicher Übersetzung – von *naked hypocrisy* gesprochen.
Wir überqueren den Bellevueplatz, hie und da klingelt eine Trambahn daher, fast leer.
Der Himmel ist grau wie Zwinglis Zunge zwei Tage nach seinem Absterben.
Der See ist grau. Die Leute, die am See spazieren, sind grau in Grau, meist Ehepaare. Der See kann nichts dafür. Zürich ist einfach grau im Winter.
Dann erblicken wir eine graugekleidete ältere Dame, umkrächzt und umflogen von zwei Dutzend Möwen. Sie wirft mit eurythmischer Emphase graue Brotbrocken in die Luft, die augenblicklich von wilden Schnäbeln gepackt werden.

Stephany Maxwell, geborene Schweizerin, holt ein zerknülltes Päckchen Zigaretten hervor und beginnt zu rauchen.
«Ich dachte, der Rauch könnte etwas Farbe hervorzaubern», bemerkt sie lakonisch.
Wir legen noch ein paar graue Schritte auf den grauen Asphaltwegen zurück und schauen zum grauen linken Seeufer hinüber.
«Let's go back to the needle park», sagt George dann, *«at least we can see there some vampyres and real good old red blood.»*
Natürlich meint er den weltberüchtigten Platzspitz, den das historische Heimatmuseum von der weltberühmten Bahnhofstraße abtrennt. Glamour, Reichtum und Sauberkeit.
«Tell me George, what do you really think about Switzerland?» frage ich. Wir stehen wieder vor dem Hotel Zürich. George Maxwell überlegt kurz, sagt: *«It's grey, clean, nice and – well, all little bit scary»*, erschreckend also – scary.
«Und sonst?»
«Eigentlich könnte die Schweiz ein weiterer Staat der Vereinigten Staaten sein. Wie *New England* oder so, puritanisch, arbeitsam, sparsam und dabei etwas unheimlich unter der glatten Oberfläche», sagt George Maxwell schließlich.
Seine Frau möchte nicht mehr zum *needle park*. (Anderntags berichtet eine Zeitung, Zürich sei *das* Zentrum des europäischen Drogenhandels; andere Weltblätter bestätigen oder wiederholen diese Feststellung.)

Heidi und kein Ende

Heidi, das Bergkind, eine geniale Erfindung der Schweizer Schriftstellerin *Johanna Spyri* (1827–1901), weiß amerikaweit und durch alle Schichten die amerikanische Bevölkerung: Heidi ist auf exotische Weise gut, brav, mutig – Heidi mit Alpöhi, dem Geißenpeter und den Geißlein «Schwänli» und «Bärli» ist ein Produkt der heilen und reinen Bergwelt, ganz Käse und Milch der frommen Denkungsart und dabei ganz und gar unglaubwürdig.

In New York, in Amerika, pflegen Eltern von Kleinkindern einen Besucher aus der Schweiz dergestalt vorzustellen: *«Switzerland, don't you remember – that's where Heidi comes from –?»* Das Kind nickt entzückt und findet keine Worte, betrachtet den Besucher sprachlos und überlegt sich wohl, wo bloß die zwei kleinen Ziegen geblieben sind.

«Are you going back to Heidiland?» fragen mich amerikanische Kinder, wenn ich in die Schweiz zurückreise.

Später erkundigen sich die Eltern oft, ob ich in den Bergen oder in Stockholm aufgewachsen sei. «Heidi» wird pro Generation mindestens dreimal verfilmt oder televisioniert, immer von Amerikanern. (Und nebenbei: Auch wirklich jeder Japaner weiß, wer Heidi ist.) Heidi ist etwas wie das Pendant zum unschuldigen Cowboy. Es würde dies die perfekte Ehe eines puritanischen Paars ergeben, lebenstüchtig und fromm.

Am faszinierendsten (ich denke an ein neues Filmdrehbuch) wäre die Ehescheidung Heidis von Walter Tell (der Bub mit dem Apfel auf dem Kopf): Heidi wandert nach der Scheidung aus und heiratet im mittleren Westen den Sohn von *Shane* – die Kinder des Traumpaars wären blond. Auf jeden Fall. Obschon Graubündner Kinder selten blond sind.

In den sechziger Jahren publizierte die SWISSAIR ein Plakat, auf dem geschrieben stand: *«Heidi never lies»*, neben Alpen und Weiden und Kühen. Es war ein großer Erfolg. Und nun leisteten sich die Reklameleute – eben von SWISSAIR – einen *clevern gag* (ein beliebter *deutscher* Ausdruck der Werbeleute) und publizierten dieses Plakat: *«Heidi was lying!»*

Warum? In der Schweiz gibt es nämlich auch Nightclubs, Striplokale etc.
Die Schweizer in New York schrien Fleter und Morbido. Man sah das Ansehen der Schweiz befleckt, verunreinigt und die Gletscher verschmiert – schlimmer als Waffenexport!
Sind es nicht die Schweizer selbst, die sich ihr Bild, ihr *Image* im Ausland selber schaffen und sich darin gefallen: Kühe, Alphorn und sogenannte Besonnenheit? Es ist so, ohne Zweifel.
Mark Twain, zum Schluß, schrieb damals, gleichsam als Vorwort zu seinem Besuch auf dem Rütli: «Eine gute Atmosphäre, moralisch sowohl als physisch, um darin zu leben. Wenn man die politische Atmosphäre der benachbarten Monarchien betrachtet, ist es heilsam und erfrischend, eine Luft einzuatmen, die seit 600 Jahren keinen Makel von Sklaverei gekannt hat, und unter ein Volk zu kommen, dessen politische Größe beachtlich, schön und auch würdig ist, in allen Schulen gelehrt und von allen Rassen und Völkern studiert zu werden. Denn hier galt der Kampf während Jahrhunderten nicht dem Interesse irgendeiner Privatfamilie oder irgendeiner Religion, sondern dem Wohl der ganzen Nation und dem Schutz und Schirm aller Glaubensbekenntnisse.»
Nun, die «Privatfamilien» braucht man dem großen Mark Twain nicht anzustreichen. Selbst die *Neue Zürcher Zeitung* kommentierte diesen Passus in einem Artikel (17. August 1923). «Der liebenswürdige Amerikaner macht unsere Geschichte idealer, als sie in Wirklichkeit ist.»
«Die Schweiz lebt vom historischen Glück der Vergangenheit», meint ein anderer amerikanischer Freund.
Die Gletscher haben ihren Glanz verloren. Ja. Zumindest die Gletscher.

Das Schicksal der Geschichte hat uns verwöhnt. Abgesehen davon: «Es kommen härtere Zeiten...»
Doch es ist noch immer ein Land, in dem man leben kann, leben und atmen kann. Wir sind noch immer – unverdienterweise – begnadet.

Georges Borgeaud

Retrouver la Suisse

On dit que les mercenaires suisses, expression indigne pour les officiers et les soldats qui se sont fait massacrer aux Tuileries, ressentaient uns nostalgie insurmontable dès qu'ils entendaient un camarade chanter un refrain de leur terroir. Ce sentiment allait si loin, parfois, qu'il poussait à la désertion. La langue allemande a un très beau nom pour le désigner: le «Heimweh». Les Suisses exilés d'aujourd'hui, quand ils songent au retour, c'est que l'âge est arrivé de savoir quelle sera la terre du repos la plus accueillante. Naturellement celle du cimetière où certains retrouveront leurs aïeux, les souvenirs de leur jeunesse, de leur enfance dont les jeux de cache-cache se passaient entre les tombes. Aujourd'hui les jeunes voyagent beaucoup. Pourquoi? Pour changer d'air, disent-ils, voir «autre chose», amorcer une aventure. Ils ne montrent aucun regret de quitter le pays. Ils n'y sont pas attachés, croient-ils, mais loin de lui, ils se souviennent un jour de ces plaisirs familiers, des habitudes prises à la vie quotidienne, d'une fenêtre de leur chambre qui s'ouvrait sur les montagnes, d'une place de village et de toutes sortes d'autres détails dont ils ne tenaient pas compte et voilà que l'un d'entre eux devient obsessionnel, exaspérant peu à peu une nostalgie qui exige le retour. L'évasion espérée s'affadit, demeure une réalité implantée dans les fibres de la mémoire et de la sensibilité. Arthur Rimbaud

le dit bien: «On ne part pas! Reprenons les chemins d'ici!»
Ma propre jeunesse ne connut pas ce désir fou d'aller ailleurs, de partir très loin du lieu de ma naissance. J'étais heureux où l'on me mettait pourvu que je n'aie pas à quitter la Suisse romande. Je rêvais, sans vraiment le désirer profondément, prendre une fois dans ma vie l'Orient-Express, mais de le voir passer en gare de Lausanne comblait déjà mon imagination. Cela me suffisait. Je souffrais même d'avoir à abandonner pour un temps mon habitat, mes habitudes comme un animal qui ne quitte pas volontiers son terrier. J'étais fidèle à ce petit espace romand et considérais comme un bannissement toute obligation à séjourner dans les autres cantons. J'avais, si je puis dire, une boussole affective dont l'aiguille se fixait sur le Sud, c'est-à-dire sur les rives du Léman et les Alpes valaisannes. A vingt ans, la lecture des livres de Charles-Ferdinand Ramuz avait mis dans ma tête qu'il n'y avait que les pays latins qui puissent exister, le reste étant voué aux frimas nordiques. Aujourd'hui, ce parti-pris m'irrite et pèse un peu sur l'œuvre du Vaudois. Il y a là une sorte de régionalisme rampant dont se défendait l'écrivain, mais cela est affaire de conception poétique discutable. Pourtant, vouloir se reconnaître seulement vaudois ou valaisan en s'excluant ainsi de la communauté confédérale contrarie chez moi l'idée que je me fais de l'identité suisse.
De quoi se nourrissait mon patriotisme casanier d'adolescent? D'images qui auraient dû faire de moi un peintre et non pas un écrivain, d'une route entre Sion et Sierre bordée de peupliers d'Italie, droits comme des plumets et dont, l'automne, les feuilles tombent sur la route en pluie d'or, de l'image du lever du jour et du crépuscule sur la surface maritime du Léman quand on la domine des hauteurs de

Caux, broyant dans ses vaguelettes les couleurs du ciel ou les moires du temps calme. Enfin, je pleurais, ou peu s'en fallait, de n'être plus proche de l'embouchure de l'Aubonne, rivière la plus mystérieuse de ma mythologie d'adolescent où, immobile derrière un bouquet de roseaux, je croyais assister à un des épisodes de la Genèse. Tout cela et davantage encore représente le noyau de ma connaissance et de mon inspiration autour duquel la pulpe s'est enrichie de tout ce que j'ai connu ailleurs et même au-delà de l'Europe, après tout notre domaine.

Au contraire, il me semble que ma vision du monde créé, sans renier celle que je découvris au berceau helvétique, s'est élargie et que par là, mon pays s'y intégrant, a cessé pour moi d'être cet îlot protégé, pour partager, avec d'autres nations, les renouvellements politiques mondiaux, les événements imprévus de l'Histoire. Déjà on voit ... mais la politique n'est pas mon fort. C'est de s'associer à la dimension du monde qu'il faut avoir l'orgueil plutôt que de se replier frileusement sur soi-même comme si la petite taille obligeait à se taire, comme si elle empêchait de contenir l'intelligence universelle et la certitude d'une beauté unique.

Pour de multiples et diverses raisons où la littérature jouait un grand rôle, j'ai pris le train pour Paris au printemps de 1945, peu de mois après sa libération. J'ignorais le temps que j'y passerai, si j'aurais l'occasion de rencontrer les vivants que j'admirais, Blaise Cendrars le légendaire compatriote, Picasso et toutes les figures dont mon esprit avait fixé le catalogue. C'était là une ambition de provincial qui, de loin, ignorait à quel point ma timidité la freinerait. La guerre se poursuivait encore sur les talons de l'armée allemande et sur son propre territoire. Après l'épreuve de l'occupation, la capitale conservait un résidu d'humeur noire, de rancœurs, de méfiances byzantines, le germe de divisions futures, sans toutefois encore abîmer la joie d'être libre. La ville était négligée – les Suisses sont particulièrement sensibles à la négligence! – appauvrie, soumise encore au rationnement, sauf fleurs. Une vieille femme refusait que je paie un bouquet d'anémones parce que, disait-elle, vous êtes Suisse et qu'elle avait un petit-fils hôte d'une famille neuchâteloise qui le bourrait de chocolat! Malgré cette tristesse perceptible de la rue, je trouvai passionnant de voir autour de moi se recomposer un état de paix, fragile encore et pathétique pour certains. J'étais à cet instant historique où les eaux du déluge moral et civil se retiraient.

J'étais l'hôte d'amis qui avaient eu des responsabilités dans la Résistance. On me mêla à des conversations souvent indéchiffrables à cause d'ignorance de ce que je n'avais pas pu vivre. J'écoutais en m'associant au «Chant des Partisans» qui achevait une discussion! Etrange sensation que de prononcer des paroles de rebelle que je n'avais pas été! On en souriait. La réunion avait lieu tous les samedis autour d'un pot-au-feu assez sommaire, arrosé d'un rouge éclairci. Rien ne me frappait davantage que cette poignée d'intellectuels dételés de la Résistance qui semblaient craindre que le temps de paix proche fût sans projets. Il venait parfois à ces agapes un officier de liaison américain, Ben, qu'accompagnait Génia, une petite auxiliaire de l'armée soviétique qui, dans un élan de sympathie pour l'homme que j'étais qui n'avait pas connu la guerre, bien que son pays fut au centre du conflit, décousit, pour me l'offrir, l'étoile rouge de son uniforme! La Suisse lui apparaissait un miracle paradisiaque.

Les amis que j'avais au pays s'étonnaient de mon enthousiasme pour une expérience confuse, une ville accablée. Ils oubliaient tout simplement que la vie reprenait dans des lieux dont ils désavouaient la légèreté; les boites de nuit et les caves de Saint-Germain-des-Prés, l'orchestre de Sydney Bechet et de Claude Luter, les terrasses de bistro, c'est à dire la face non sérieuse de la vie. Ils oubliaient que les idées naissent souvent du dérisoire. Il ne me déplaisait pas de participer à l'improvisation et à me revêtir de pacifisme comme les autres, mais sans l'expérience de la guerre qui m'y eut autorisé. J'avais rendu à l'arsenal de Morges mon barda militaire, un bonnet de police marqué de sueurs anciennes, un mousqueton qui n'avait tué personne. J'avais, derrière moi, 1200 jours de service actif et de grisaille militaire, encore que cela soit sommaire. Paris me parut un barrage à la routine de mon passé. Je me croyais vierge de toutes convenances, prêt à donner naissance à l'écrivain que je voulais être, dans une Capitale qui honorait le don, oubliant que le terreau originel, le lien à ma province formaient ma personnalité intérieure et que je ne pourrais heureusement jamais m'en alléger en la répudiant. Ramuz a raison de dire que Paris l'a confirmé vaudois. Il faut savoir prendre une distance avec ce que l'on aime pour mieux connaître les raisons de le préférer.

Je suis donc devenu parisien, si cela a un sens. Je n'oublie jamais que je représente toujours, et avec plaisir, un citoyen suisse parlant français, qu'il n'y a rien d'étonnant que je me sois approché de plus près de ma langue maternelle, que je la sers aussi bien dans les lieux où se partage mon existence. Il n'y a pas assujetissement, il y a association. Personne ne m'a demandé de renoncer à la singularité de ma condition.

S'il faut remercier Paris, c'est de m'avoir délié la langue qui était un peu épaisse, lente à s'exprimer, pauvre dans son vocabulaire, bref de m'avoir démontré que la conversation est un art et qu'il ne faut pas craindre de s'y risquer. Cet éveil n'a, en aucune façon, attenté aux qualités de ma race ni amoindri ma sensibilité à la nature, à ce que l'on appelle l'incorrigible rousseauisme des Romands – mais cela mériterait des nuances – au puritanisme ou pudeur des sentiments, à la méfiance envers le délire, le désordre, la profanation. Sans doute ai-je aussi perdu l'usage des superlatifs sur nos vertus, notre grandeur morale, nos Olympes où nous avons installé notre mythologie patriotique et religieuse. J'ai un peu démaquillé le visage de Dame Helvétie, ôté quelques-unes de ses fanfreluches. Elle n'en est que plus séduisante et honorable.

Ainsi suis-je heureux quand des occasions me ramènent non seulement au pays romand, mais à tout le territoire dont je connaissais mal la diversité, la richesse, les espaces incomparables. J'ai oublié définitivement les querelles de clochers, les intrigues politiques, les jalousies entre cantons, les préjugés qui furent les miens et, partant, les mauvais souvenirs. Je suis tout neuf devant mon pays, par les yeux et par l'esprit. Je découvre ce que j'en ignorais, non pas comme un touriste de passage, mais comme quelqu'un qui, soudain, s'éprend d'une famille en partie oubliée. Mes voyages trop rares encore dans la grande maison j'ai droit sont devenus de délicieuses récréations du savoir, de l'esprit et du cœur. J'ai oublié ce que j'ai appris de mon pays dans les manuels, car la réalité, si elle a son histoire, elle ne cesse d'en préserver encore les mystères. Le hasard me trouve digne de découvrir ce que l'enseignement précisément m'avait caché. Non pas volontairement, mais pour établir la nomenclature des trésors et des singularités d'un pays, il ne faut pas trop avoir le nez dessus, mais s'en éloigner pour un temps pour le reconnaître irremplaçable.

Ce nouvel intérêt porté à la complexité géographique, culturelle et linguistique de la Suisse n'en avais-je pas été effleuré durant mon service militaire? Par des parcelles visibles, architecturales surtout, qui permettaient de passer du classicisme français au baroque italien, du médiéval germanique au mystère romanche, chacune de ces distinctions étant des raccourcis. Ces plaisirs, ces curiosités étaient en marge de la vie de soldat. Ils adoucissaient chez les sensibles ce qu'elle pouvait avoir de sommaire et de brutal. C'est ainsi que j'ai pu m'enfermer dans une église romane du Tessin, préparer, avec mes camarades, un cantonnement dans la chapelle mortuaire des seigneurs de La Sarraz, prendre chambre à Dornach, au Goetheanum, partager la vie d'étranges moines dans l'enclave de Sankt Chrischona près de Bâle, cueillir des cerises dans les vergers de Thurgovie, passer un hiver à l'hospice du Simplon bloqué par des chutes de neige qui, le matin, dévalaient en courtes avalanches. Nous nous en approchions timidement comme si elles avaient été le corps d'une fée d'Andersen. Je pourrais multiplier le récit de ces surprises du hasard impérieux du temps de guerre. Je pense encore au café au lait servi dans une salle du monastère du Grand-St-Bernard, pendant que les chanoines chantaient laudes et, pour un instant, intimidaient les conversations assez frustes du réfectoire. A mes yeux, le confort des villes, s'il était plaisant, n'apportait pas dans mon esprit les émotions de ces instants inattendus, la vraie aventure de la vie qu'il m'était possible de rencontrer dans la plus oiseuse des disciplines. Tout cela me préparait à reprendre un vagabondage dans mon propre pays. C'est la chance de l'âge certain. Je me promène chez moi dans une nouveauté dont je suis le citoyen.

Dernièrement, j'ai pris un train de nuit de Paris à Lugano. Le jour un peu gris se montra à Zurich. A partir de là, je me tins debout dans le couloir, les yeux écarquillés sur ce parcours que je ne connaissais pas et qui, dans mon esprit, était l'image géologique et sauvage du berceau où était née cette idée neuve de confédération. J'espérais même découvrir le

«Suisse aux bras noueux» du cliché! Je l'aperçus près de la gare de Flüelen, sciant du bois sous la pluie, la barbe noire et un gros bonnet sur la tête. Pourquoi regretterions-nous que la réalité soit si proche de la légende? J'avais effleuré Schwyz et Altdorf et cru apercevoir le Rütli, car cette prairie inconnue, touchée déjà par les doigts du printemps sur une hauteur inaccessible satisfaisait l'idée que je m'en faisais. Plus tard, l'impitoyable carte topographique corrigea mon erreur! Mais après tout, les symboles d'une idée peuvent se répéter partout quand il s'agit de ceux de la liberté.
Bientôt le train s'engagea dans de multiples et courts tunnels, laissant entrevoir, entre chacun d'eux, des instantanés du lac étroit et glauque, dominé par les abrupts et boisés versants des montagnes d'en face. Des rideaux de pluie et de neige crépitaient à nos vitres. Il semblait que le temps accentuait, pour le passant que j'étais, la rudesse de l'histoire primitive en quelque sorte reconstituée pour moi. Les nations formées dans de telles passions d'absolus irréductibles ont comme marqué le paysage de leurs combats. Il en reste un climat de défensive permanente. La neige drue tombait à Göschenen. Puis ce fut la descente dans la lumière printanière, vers les plaines et les lacs tessinois où les arbres fruitiers avaient fleurs, les jardins camélias, forsythias, mimosas sous la douceur du soleil et la voûte en faïence bleue du ciel. Mon exaltation était d'autant plus grande que j'avais tenu, en quelques heures, les richesses et la diversité d'un pays où tout est représenté. Cette vision m'a montré d'une façon indissoluble la chance et le privilège d'être citoyen de la Suisse. Vivre ailleurs n'en atténue pas l'orgueil clairvoyant de lui appartenir.

Paul Nizon/Laurent Wolf

Paris Gare de Lyon – Bern – La Chaux-de-Fonds

Ein Briefwechsel/Correspondances

Lieber Laurent

Schlägt Dir das Herz höher, wenn Du die Schweizer Fahne im Winde flattern siehst oder wenn die Schweizer Hymne erschallt? Patriotismus ist ja wohl ein Synonym für Vaterlandsliebe. Kennst Du entsprechende Zugehörigkeitsgefühle? Wenn Du im Ausland, etwa im Zug oder Restaurant, Landsleute ausmachst, fühlst Du Dich versucht, mit ihnen Kontakt aufzunehmen? Oder ist es im Gegenteil so, daß Du ihnen aus dem Weg gehst? Würdest Du auf die Idee kommen, irgendwo in der Welt ein Mövenpick-Restaurant aufzusuchen, um schweizerische Atmosphäre und Küche zu schnuppern?
Ich habe einmal im Fernsehen italienische Filmregisseure in einem Interview sagen hören, daß sie sich ihre schöpferische Arbeit außerhalb des italienischen gesellschaftlichen Raumes nicht vorstellen könnten, daß ihnen die engagierte Teilnahme am Dasein ihrer Volksgenossen mehr als selbstverständlich, nämlich *conditio sine qua non* sei – ich verstand es dahin, als würden sie anders eine künstlerische Kastration erleiden. Ich war, erinnere ich mich, perplex, ein bißchen blaß vor Neid oder rot vor Scham, wenn ich an meinen quasi vaterlandslosen Habitus dachte. Sie haben eine echte heimatliche Verwurzelung und, ja, Verpflichtung. Sie haben

Nationalstolz, sie haben offenbar eine Aufgabe, sie haben ein Volk (würde man es früher genannt haben).

Cher Pablo

Il y a deux ans, à Rio de Janeiro, pendant l'hiver austral, il faisait un froid de canard, un froid tropical. Une semaine durant, la brume et la pluie avaient occupé le paysage, et la température était descendue au-delà de toute imagination. Le «Jornal do Brazil», le principal quotidien de Rio, titrait sur 3 colonnes: 16 degrés. En dessous, la photo d'une table avec des gens mangeant de la fondue: les cariocas se réchauffent à la Casa Suiça. Tu me demandes si, parti dans des pays lointains, j'entrerais dans un Mövenpick. C'est une question de circonstances sinon de température.
Il existe des figures emblématiques de la Suisse, et le Mövenpick en est une. Quand il s'en est ouvert un à Paris, il y a quelques années, il m'est arrivé d'y aller, d'abord avec réticence, puis avec un certain sourire. J'y suis allé avec des amis qui désiraient un peu de notre exotisme, car nous le savons à ce que disent les gens, ici et ailleurs, il y a un exotisme Suisse notamment dans l'hôtellerie. J'y allais aussi, chaque année, avec des artistes et des amis chaux-de-fonniers, après une cérémonie helvétique rituelle, l'exposition annuelle de la Société des Peintres, Sculpteurs et Architectes Suisses. Malheureusement, à la suite du changement de présidence de la section parisienne, et dans un mouvement de modernisation, ces expositions générales jugées ringardes ont été supprimées; depuis, je ne vais plus au Mövenpick de Paris.
Cela me manque. Si, si! Comme un déguisement que l'on met de temps en temps, avec des gens qui se déguisent de la

même façon, alors que chacun sait qu'il s'agit en fait de notre véritable habit, si tu vois ce que je veux dire: je suis Suisse, je ne suis pas un vrai, un bon, un bon, un vrai Suisse, et quand je vais dans cet endroit, je n'y vais pas comme un touriste, mais pas non plus comme un con de Suisse qui serait là par nostalgie de la patrie ...

Les vernissages de l'exposition annuelle de la Société des Peintres, Sculpteurs et Architectes étaient d'ailleurs une excellente occasion pour moi, et je pense aussi pour la plupart des artistes qui y venaient, de se remémorer les raisons qui les faisaient rester à Paris tout en ayant une pensée affectueuse pour les travers et la bonne volonté de notre pays. On y rencontrait, outre l'ambassadeur qui offrait à boire et qui se fendait d'un discours, une bonne partie de la communauté suisse de Paris, avec ses notables et ses inconnus. Au fond, c'étaient des artistes suisses, avec un public suisse, dans un lieu suisse à souhait – la salle de l'office suisse du tourisme à Paris, «Les Portes de la Suisse». L'endroit était aussi avenant qu'une salle des coffres.

Cela ressemblait à un vernissage quelconque. Mais j'y ai chaque fois observé combien je trouvais la Suisse étrange. Même duplicité que pour le Mövenpick sans doute: j'y suis tout en n'y étant pas tout en y étant, et pourtant je regardais les artistes suisses-allemands qui étaient là, loin, loin, de l'autre côté d'une Sarine large comme un océan. Je parle des artistes, parce que je suis censé être de la même espèce. Or, leurs habits, leur manière de s'exprimer (pas l'accent, ou la langue, mais les gestes, le ton), leur démarche, provenaient d'un univers qui n'était pas le mien.

Ce n'est pas désobligeant, et cette sensation n'est pas exceptionnelle. On croise des foules, des groupes, dont on se dit qu'ils viennent d'un monde différent, puis on s'aperçoit qu'ils sont hétérogènes, et que cette hétérogénéité est une voie d'accès. Mais dans ce lieu, et dans ces circonstances, je les regardais comme un bloc compact, je faisais l'expérience de nos différences, bien que nous ayons en commun des choix vitaux: être artistes, avoir quitté la Suisse.

L'italien dont tu évoques le «nous» hypertrophié, es-tu bien sûr de l'envier? Et dit-il la vérité? Le «nous» suisse a peu de chances, en tout cas, d'être un jour harmonieux, équilibré, malgré les efforts de compromis qui réussissent à en empêcher l'éclatement. Nous (je veux dire, nous Suisses-romands, nous Suisses-allemands, nous tessinois, nous réthiques), nous avons sur le dos un singe encombrant, incommode, les autres Suisses (romands, allemands, etc.). Nous (neuchâtelois, par exemple), nous avons sur le dos un singe encombrant, les autres Suisses-romands (vaudois, genevois, etc.). Nous (chaux-de-fonniers, je prends au hasard, comme tu vois) nous avons sur le dos, etc. Et on se demande quand cela s'arrête. Cela s'arrête peut-être à chaque individu, avec sur le dos cette cascade de «nous».

Il faut un grand sérieux dans l'intention pour voir derrière le drapeau rouge à croix blanche une nation au sens où par exemple ici, en France, on l'entend. Et je n'arrive pas à croire qu'il existe un patriotisme suisse dépourvu de quelque regret sur la diversité de la patrie. On vante cette diversité comme pour vanter la performance: la Suisse est Une (malgré tout).

Ich habe kaum, was man patriotische Gefühle nennt. Das weiße Kreuz im roten Feld läßt mein Herz nicht höher schlagen, es löst kein besonderes Identitätserleben aus, höchstens Erinnerungen an folkloristische Anlässe, an 1.-August-Feiern, Umzüge und andere Volksfeste urchigen Angedenkens, an zwei Landesausstellungen, den Militär-

dienst, jedoch muß ich gestehen, daß die französische Trikolore etwas in mir mobilisiert (weiß bloß noch nicht was).
Wenn ein Kanton oder Landesteil von der Eidgenossenschaft absprânge und der Konföderation verlorenginge: Ich weiß nicht, ob ich besonders betroffen wäre; kaum. Auch kann ich mir schwer vorstellen, daß die Wiedervereinigung mit einem abhanden gekommenen Tessin oder Jura mich in einer Weise in Wallung bringen könnte, so wie es die deutsch-deutsche Wiedervereinigung zu tun vorgibt. Zugehörigkeitsgefühle empfinde ich für Bern und Zürich, weil ich im ersteren geboren und aufgewachsen bin und im letzteren immerhin fünfzehn Jahre gelebt habe. Sie haben mit einer intimen Vertrautheit, mit der eigenen Biographie, im Falle von Bern mit Kindheit zu tun; mit Menschen und vor allem mit Freunden, die in der eigenen Geschichte eine Rolle gespielt haben und spielen; mit Sprache, Dialekten, Idiomen, Landschaften. Es geht um Anverwandeltes, das man mit vielen teilt, es ist uns lieb geworden oder auf den Leib geschrieben und löst das Gefühl der Sicherheit aus. Doch ist dieses Phänomen nicht auf die eigenen Landesgrenzen beschränkt, wie andererseits nicht alles, was in den Landesgrenzen Platz hat, in diesem Sinne Heimat oder Vaterland geworden ist. Die Schweiz als Vaterland ist etwas, das ich im unteren Schulunterricht zusammen mit dem Auswendigzeichnen des Grenzumrisses gelernt habe, das ich vom Militärdienst und von Kinderferien, vom Auto und Zug aus und vom innenpolitischen Teil der Schweizer Zeitungen kenne und das ich beim Grenzübertritt wiedererkenne, nämlich lokalisieren kann, weil es faustdick in der Luft liegt: nicht nur als Gesamtatmosphäre, sondern als Mentalität.
Ramuz hat von sich gesagt, er sei Patriot, jedoch nicht Nationalist, er habe sich den Ruf eines Regionalisten eingehandelt. Sein Patriotismus galt der näheren waadtländi-

schen Heimat. Seiner Meinung nach gibt es den Schweizer nicht. «Ein mühsames Unterfangen, von einem Volk zu sprechen, das es gar nicht gibt», schreibt er 1937 in der von Denis de Rougemont geleiteten französischen Zeitschrift «Esprit» mit Bezug auf die damals aktuelle Frage der Nationalismen.

Gibt es ein Schweizer Volk? Gibt es so etwas wie einen Nationalcharakter? Die Schweiz hat sich immer gerne gerühmt, ein leuchtendes Beispiel zu sein für das friedliche Zusammenleben verschiedener Völkerschaften, Kulturen und Sprachen. Vom Ausland aus gesehen, ist jeder Schweizer dreisprachig. Das ist nun aber, wie wir wissen, überhaupt nicht der Fall. Die meisten Welschen sprechen kein Deutsch und schon gar kein Schweizerdeutsch, wohl auch kein Italienisch, wie es umgekehrt nur eine gebildete Minderheit von Deutschschweizern ist, die wirklich französisch sprechen. Mit der Mehrsprachigkeit und einer entsprechenden Verständigungsleichtigkeit oder Gemeinschaftlichkeit ist es nicht eben weit her, und dasselbe gilt für die Kulturen. Es ist erstaunlich, wie wenig ein deutschschweizerischer Schriftsteller in der Regel über das Schaffen und den Literaturbetrieb der welschen oder Tessiner Kollegen im Bilde ist und umgekehrt. Kulturell sind die Deutschschweizer auf den deutschen Nachbarn, die Welschen auf Frankreich und die Tessiner auf Italien ausgerichtet, untereinander sind sie sich in kulturellen Dingen eher fremd. Was im übrigen im Hinblick auf das kommende Europa nicht allzu ermutigend ist. Sprachlich gesehen erscheint das europäische Experiment hochproblematisch. Wir werden ja sehen. Sollen im übrigen die ehemaligen Ostblockstaaten als eine unterentwickelte dritte Welt angegliedert werden? Und wogegen soll eine europäische Armee absichern, wo der Ostfeind entfällt? Gegen die arabischen Nationen vermutlich. Fühlst Du Dich als

Europäer und, wenn ja, worin besteht Dein Europäertum etwa im Gegensatz zu Amerika? Doch zurück zur Frage des Schweizer Volkes.
Es gibt, jenseits der sprachlichen, kulturellen Verschiedenheiten, schon so etwas wie einen schweizerischen Nationalcharakter. Er ist aus den politischen Einrichtungen und den praktischen Erfahrungen im Umgang mit denselben hervorgegangen; und außerdem hat er mit Nationaltugenden, mit einem spezifischen Wertesystem, mit Ideen und Mythen und falschen Mythen zu tun und mit Lebensart. Man kann all das unter dem Begriff einer schweizerischen Mentalität subsumieren. Die Frage ist, ob dieser Volkscharakter, diese *Eigenart* patriotische Gefühle zu erwecken imstande und wert sind, und zwar bis zum Grade der Wehrbereitschaft. Die Frage ist, ob sich in der schweizerischen Eigenart etwas Lebens- und Verteidigungswertes ausdrückt. Das war beispielsweise für viele USA-Bürger zur Zeit des Vietnamkrieges nicht der Fall, sie gingen so weit, die amerikanische Fahne zu verbrennen und mit der Fahne die Pässe. Sie wiesen die nationale Zugehörigkeit zurück. In der Schweiz von heute haben große Teile der Bevölkerung Probleme bis zur Frustration nicht nur mit dem Vaterland, sondern mit dem Platz, den es in der Welt und Völkerfamilie einnimmt und behauptet und darüber hinaus mit der Idee Schweiz überhaupt.

On apprend dès l'enfance que la Suisse existe. Mais est-elle un être ou un devoir-être?
On n'existe pas les uns pour les autres.
Le «nous» dont je parlais, ce «nous» si perturbant pour les artistes lorsqu'ils se demandent en quoi leur art est suisse (de toute la Suisse, ou d'une région), ce «nous» est une réalité

conditionnelle. Car on s'ignore presque toujours – d'une région à l'autre, d'un canton à l'autre – sauf quand des raisons précises nous empêchent de nous ignorer.
Tu confesses que tu ne sais rien de tes collègues Romands. Je me suis demandé ce que je connaissais du reste de la Suisse, en traçant des cercles de plus en plus éloignés des endroits où j'ai vécu (à La Chaux-de-Fonds et à Genève). Au delà de la proximité immédiate, il y a au moins deux pays que je connais infiniment mieux que le mien, la France et l'Italie.
J'ai repensé à mon enfance. Quels sont mes souvenirs d'au-delà du canton de Neuchâtel et des Franches-Montagnes? Pratiquement nuls. Les chutes du Rhin, le zoo de Bâle, les trois cols, une station alpine, quelques objectifs de courses d'école, quelques promenades en vélo ... On passait plus souvent la frontière française que la frontière bernoise.
L'entité suisse n'avait de consistance que dans un domaine, le sport. Dans les compétitions nationales, j'y ai ressenti le même emboîtement de frustrations que dans la cascade de «nous» pesants que je décrivais tout à l'heure : j'étais satisfait quand La Chaux-de-Fonds battait n'importe quelle autre équipe (et à cette époque, en football, c'était heureusement fréquent), j'étais satisfait quand Neuchâtel battait n'importe quelle équipe sauf La Chaux-de-Fonds, j'étais satisfait quand une équipe romande battait n'importe quelle équipe sauf La Chaux-de-Fonds et Neuchâtel, je préférais que les équipes tessinoises battent les Suisses-allemandes, quant aux Suisses-allemandes entre elles, elles pouvaient faire comme elles voulaient. Pour les compétitions internationales, je soutenais sans faiblesse l'équipe suisse, bien que les sélectionneurs favorisent exagérément les clubs d'outre-Sarine (quand je lis aujourd'hui les journaux romands, je constate que cela n'a pas changé).
Le sport illustre bien les frustrations de notre connaissance

mutuelle: le regret et la nécessité, la duplicité de la coexistence. Ces frustrations existent dans la plupart de nos activités communes, mais en sport cette frustration est presque constamment exprimée, notamment dans la presse, à l'occasion de la formation d'une équipe nationale ou d'un changement d'entraîneur.

Pourtant, cette ignorance mutuelle, n'est pas partagée avec équité. C'est-à-dire, que tous les Suisses ne s'ignorent pas de la même manière et avec la même intensité. J'ai entendu dire qu'il y avait des Suisses qui n'ignoraient pas les autres, et quelques-uns qui s'en glorifient. Ainsi beaucoup de Suisses-allemands prétendent parler le français, et, il faut le reconnaître, peu de Romands parlent l'allemand. Bien qu'aujourd'hui, avec l'explosion dialectale, l'allemand ne soit plus un instrument de communication aussi sûr entre Suisses (dans les grandes entreprises multilingues, l'anglais serait au pouvoir), cette disymétrie révèle, dans la vie quotidienne suisse, une disymétrie dans l'ignorance.

La difficulté que les Romands sont réputés avoir à parler l'allemand tient sans doute en partie à une réticence propre à la culture francophone en générale, réticence importée de France. Elle tient sans doute aussi à une image de la langue allemande, liée à l'expérience historique (beaucoup de Suisses-allemands invoquent d'ailleurs cet argument pour justifier leur pratique croissante du dialecte local – et je crains de me faire quelques ennemis en employant le mot dialecte). Mais, j'ai la conviction (en partie fondée sur mon examen de conscience) qu'il s'agit aussi d'un réflexe défensif contre le sentiment de perte d'identité que constituerait une fusion nationale par l'échange des langages, d'une réserve qui désigne à l'autre un tiers recours (la France, mais pas forcément, ce n'est pas aussi précis) vers lequel on pourrait toujours se tourner, et surtout d'une stratégie d'évitement qui occulte le pouvoir de l'autre: tant que je ne peux pas te parler, je ne sais pas ce que tu me dis.

La plupart des Suisses-allemands qui parlent le français semblent dire à cet ignorant: vu la façon dont je parle ta langue, tu ne dois pas avoir grand chose à me dire. Il faut donc distinguer l'ignorance qui ignore l'autre, et celle qui ne l'ignore pas: «je t'ignore», dit-on en passant à côté de quelqu'un. Cela s'appelle la dénégation.

Si l'usage de la parole est notre premier symptôme national, le second est la fonction unificatrice de nos institutions. Puisque nous nous ignorons, il faut que nous fassions connaissance. Et cela dure depuis longtemps. Enfin, et puisque nous nous ignorons, il est normal que nous ignorions nos inégalités, il faut un système qui nous permette de continuer à les ignorer, c'est le symptôme de la répartition: dès que des Suisses se trouvent réunis pour une chose ou une autre commence le débat de la répartition: combien d'alémaniques, combien de Romands, combien de ceci, combien de cela; l'arithmétique se substitue au partage.

Dire: «je n'ai pas de patrie», me paraît aussi ridicule que de clamer: «La Patrie». Tu cites Ramuz, et sa Patrie régionaliste. C'est un vocabulaire marqué par son époque, je l'espère; quoique je n'en sois pas sûr, mais il est vrai que j'ai à l'égard de cette gloire nationale (et vaudoise) une certaine méfiance. Cette notion a cependant le mérite de ramener la question à une échelle modeste, et tangible, celle de la vie d'une personne, de la construction de son identité, de l'influence de son environnement immédiat. Quels sont les éléments qui constituent son univers familier puis son univers de référence? Comment une personne se transforme-t-elle à partir de ces éléments?

Là, je m'y retrouve mieux, je retrouve la Suisse, ou plutôt, je me retrouve en Suisse. L'expérience de l'attachement que tu décris est identique à la mienne. Evidemment, il ne s'agit pas des mêmes choses, mais le sentiment intime d'avoir appartenu à un lieu, à des relations, la trace du partage, sont probablement un trait commun non seulement de l'espèce suisse, mais de toute l'espèce humaine.

Tu notes l'importance des langages, des dialectes, des idiomes. Et nous y re-voilà. Mais il s'agit de la parole vraie, de la parole qui passe de personne à personne. Celle-là est le signe d'un rattachement, j'en suis sûr. Parce que dans la parole longuement partagée de l'enfance, dans le détail des mots, des intonations, des expressions passe infiniment plus de sens que dans la littéralité des mots. L'étrangeté de la langue étrangère fait que la colère ou l'amour butent contre le vocabulaire et la grammaire. Je ne pense pas qu'il y ait des choses qu'on ne peut dire que dans sa langue. Tout ce qu'on peut dire dans une langue, on peut le dire dans une autre, ou presque tout. Ce qu'on ne peut pas dire dans une autre langue, c'est ce qu'on tait dans sa propre langue et qu'on sait faire entendre. C'est aussi vrai dans le langage subtil de la vie partagée et donc dans une même langue, selon les lieux, les groupes, et aussi les moments. Le jour ou j'ai quitté La Chaux-de-Fonds pour Genève, j'ai perdu un pouvoir que j'avais, dans les cafés, celui d'empêcher les conflits de dégénérer en bagarre. Quelle que soient l'heure et les circonstances je me sentais en sécurité, certain de pouvoir dénouer la situation en parlant. J'avais le langage, les gestes, le timing adéquats. Je n'y avais aucun mérite, et je n'ai pas non plus, par chance, été contredit par les faits.

J'opposerais la subtilité de l'expérience intime de la parole à la lourdeur des problèmes posés par les langues dans notre pays. Et je crains que la lourdeur des uns venant de la subtilité des autres, il faille se réjouir qu'il n'y ait pas de solution.

Mais nous sommes loin de la patrie, des drapeaux salués ou brûlés dont tu parles.
En Suisse, il y a sans aucun doute des choses, des valeurs, des gens, qui méritent que l'on se batte pour eux, et il y en a qui méritent qu'on se batte contre eux. Jusqu'ici, rien d'original, et rien de particulièrement suisse à mes yeux. Parce que, pour ce qui me concerne, je pense qu'il en est de même ailleurs, que l'essentiel, ce sont les gens, les valeurs, les choses, et non les patries. Mais peut-être n'ai-je pas compris les vertus du devoir-être suisse.
Aujourd'hui, et si l'on prend le devoir-être au sérieux (ce qui n'est pas indispensable), faut-il s'inquiéter d'être suisse ou s'inquiéter d'être européen? Tu t'interroges sur les effets de l'exemple suisse, et de son esthétique du rabottage. Je m'interroge plutôt sur la curieuse relation que la Suisse semble espérer avec l'institution européenne, relation qui ressemble à celle que la Suisse entretient avec elle-même (voir plus haut). Quoi qu'il en soit, les institutions étant toujours de l'ordre du devoir-être, je préfère essayer de savoir si moi, à titre individuel (eh, oui), j'ai un rapport quelconque avec l'Europe.
L'Europe? Quel ton employer? Etre grandiloquent, mercantile? Ou grandiloquent pour cacher son mercantilisme? Les pays de l'Est ont-ils choisi la démocratie ou la Volkswagen? Et nous, avons-nous à choisir l'avenir du monde ou celui du commerce international? Je parle pour ceux qui vivent sur le territoire européen, parce que la Suisse, ou les Suisses, en ont décidé autrement. Grâce à des accords particuliers, ils vont régler la question mercantile, et pour la grandiloquence, ils ... Mais, c'est un sujet qui m'agace, et je n'ai d'opinion à donner ni sur la Suisse égoïste, ni sur l'Europe égoïste.
Pourtant, s'il faut absolument dire quelque chose, alors di-

sons que vue d'ici à Paris, l'attitude des Suisses qui veulent rester à l'écart de l'Europe est: déconcertante pour celui qui les aime, choquante pour celui qui est sans préjugé. Mais laissons, c'est un débat suisse.

Te souviens-tu de l'époque du voyage en Orient? Je parle des années soixante – soixante-dix (1900, pas 1800). Dans la foulée de la décolonisation, de la guerre du Vietnam, et dans l'étouffement d'une société qui paraissait capable d'absorber toute espérance pour la transformer en baril de poudre à lessive, il était indiqué de dénigrer la culture «occidentale» ou «européenne». On se baladait couverts de tissus bariolés, on écoutait de la musique indienne, on partait faire la route, connaître le monde. Je me sentais décalé par rapport à l'esprit du temps, presque autant qu'aujourd'hui face au désir déclaré de réussite sociale, et au conformisme du présent (moderne ou post-moderne, selon le degré de raffinement intellectuel).

J'éprouvais mon attachement, non pas tant à des valeurs qu'à des images, à des formes, à une temporalité qui n'étaient pas celles de la réalité d'ici et maintenant, mais qui m'habitaient, en dehors de ma volonté. Dans mes conversations avec ceux qui partaient pour se chercher, je défendais la vertu de rester. Non que je ne désire aussi les horizons; la crainte du reniement me guidait; et peut-être aussi la peur, la peur de me défaire, de me décomposer, de me perdre. Les images, les formes, la temporalité – on pourrait dire aussi: les récits, les espaces, l'organisation de la vie – que ce débat me faisait découvrir en moi, m'apprenaient d'où j'étais et de quoi j'étais fait.

Je ne cite pas cet épisode pour prendre la pose de celui qui ne s'est pas trompé, car il n'y a aucune gloire à céder à la peur ou à la nécessité. Je reviens par ce biais au sentiment d'attachement à propos duquel nous nous interrogions. Et j'emploie

encore, pour simplifier, le mot de patrie. Il y a la patrie de la vie réelle, et les traces qu'elle laisse: les liens, l'amour, les espaces, les odeurs, les sons, le hurlement des martinets piquant vers les solives de la maison et annonçant le retour du printemps, les langages ... Il y a la patrie imaginaire: les histoires, les livres, les héros, les musiques, les peintures ... J'essaie de savoir si ma patrie imaginaire est peuplée par la Suisse, et je dois bien reconnaître que non. Il y a des personnages, des œuvres, des récits. Ils ne sont pas présents comme Suisses, mais comme personnages, comme œuvres, comme récits s'intégrant à un paysage plus vaste. C'est comme pour le sport. Sur la scène de mon théâtre, il y a des Suisses, mais la troupe est internationale.
Quel imaginaire peut se former dans la tête d'un enfant quand les grands hommes de sa ville natale ont tous quitté le pays: Léopold Robert en Italie, Louis Chevrolet en Amérique, Blaise Cendrars et Le Corbusier en France (et ailleurs). Le profil du grand homme n'est-il pas de s'en aller? Si aujourd'hui j'ai compris qu'il n'y a aucun mérite à partir, je tiens à affirmer qu'il n'y a aucun mérite à rester.

Mit der Entscheidung für Paris – nach La Chaux-de-Fonds und Genf in Deinem und Bern und Zürich in meinem Falle – haben wir u. a. (oder vor allem) für eine neue kulturelle Situation optiert. Wie würdest Du für Dich die diesbezügliche Attraktivität von Paris bezeichnen? (In dieser Frage werden wir vermutlich sowohl Übereinstimmendes wie Divergierendes zutage fördern: Du gehörst ja vom Sprachraum her zur frankophonen Kultur, während ich vom deutschsprachigen in einen anderssprachigen Kulturraum übergetreten bin, was nicht ganz unproblematisch ist für den Schriftsteller.)

Wenn man als Künstler von Kultur spricht, fallen einem gleich die Begriffe vom Nährboden und Holzboden ein. Die Frage ist, inwiefern sich der pariserische Nährboden vom verlassenen schweizerischen unterscheide.
Um mit banalen Fakten zu beginnen: Das sogenannte kulturelle Angebot im Sinne der Konsumation ist es nicht, wir gehen, soviel ich weiß, kaum ins Theater und Konzert, wenig in Ausstellungen, nur sporadisch ins Kino, vermutlich nutzen wir den unabsehbaren Reichtum des Angebots weniger als manche unserer schweizerischen Berufskollegen, die sich zu gezielten Kulturtrips nach Paris begeben.
Auch die Literatur- bzw. Kunstszene der hier schaffenden Leute ist es nicht, was uns anzog und festhält. Wir haben keinen Anschluß gesucht an Zirkel, Tendenzen, Gruppierungen, Gesinnungsbrüderschaften, wir haben weder den «Puls der Zeit» noch irgendwelche Phalanxen oder Avantgarden gesucht, um uns anstecken, mobilisieren zu lassen. In diesem Sinne ist ja auch die Unterscheidung von Provinz und weltbedeutendem Zentrum kein Thema mehr, wie auch die Phänomene der Moderne und Avantgarde nicht mehr zählen. Das Paris, das mindestens während des 19. Jahrhunderts bis an die Schwelle zum Zweiten Weltkrieg und vielleicht noch bis zum Existentialismus der unmittelbaren Nachkriegszeit in künstlerischen Belangen Fortschritt und Innovation (oder FRONT) verkörperte und darum für Kunstschaffende ein Mekka war, existiert nicht mehr. Was uns betrifft, so suchten wir hier keinen Anschluß.
Was wäre also der Nährboden? Ich erwarte Deine Deklarationen mit Spannung. Bis dahin will ich versuchen, meinen Standpunkt zu skizzieren.
In unser beider Falle, vermute ich, handelt es sich zunächst um eine Option für die STADT, allerdings von einer Größenordnung, wie es sie in der Schweiz nicht gibt. Und für

eine entsprechende Stadtkultur. Die Größenordnung ist die einer Übermacht und Überwältigung in jeder Hinsicht, für deren Rezeption ein menschliches Leben und eine menschliche Fassungskraft nicht ausreichen. Als Individuum kann man nur untergehen in einer solchen Stadt (und das wollen wir). Für das Phänomen der Größe oder Übermacht nenne ich die architektonische Substanz mit der Fülle der Gestik und Gesichter und als Labyrinth einer von Menschenhand geschaffenen Bühnenräumlichkeit und entsprechenden «zweiten Natur». Ich erwähne die in der Architektur und allen Monumenten und Einrichtungen memorierten und also präsenten Geschichte, ein Kontinuum, das Jahrtausende wachruft und außerdem in den Namen der Straßen und Metrostationen immerfort aufklingt und tönt. Eine vergleichbare historische Sättigung und Vergegenwärtigung ist allenfalls noch in Rom anzutreffen, wobei sie in Rom, was die Antike anbetrifft, als Trümmerfeld, d. h. als Friedhof der Geschichte in Erscheinung tritt. Die Wirkung auf den hier Lebenden ist die eines Einsinkens in den Leib jener Vergangenheit, aus dem wir stammen: ein Jungbrunnen.
Weiter ist Paris, zumal was die neuere Geschichte anbetrifft, die erklärte Heimat der Dichter und Künstler. Straßen und Häuser raunen von eminenten Figuren, Lebensläufen und Werken, Paris ist eine wahre Geisterstadt der Künste und Künstler, die Geister gehören ganz natürlich zu den lebenden Bewohnern und sie bevölkern die Luft. Das macht unter anderem, daß man hier als Künstler nicht auf eine feindliche, sondern auf eine zutiefst familiäre Atmosphäre stößt, übrigens auch darum, weil hier der schöpferische Mensch nicht als Unikum und Außenseiter, nicht als Angehöriger einer nicht ganz für voll zu nehmenden, je nachdem schützenswerten oder verhaßten Spezies angesehen wird, sondern als angesehener Mitbürger, ja als Liebling der Gesellschaft.

Freundliche Bedingungen. Und ferner ist Paris, wenigstens in meinen Augen, die Stadt der Liebe, dieses Phänomen gehört zum Genius loci und zum Genie der französischen Kultur. Eine von Dichtung und Kunst durch Jahrhunderte immerfort erfundene und gespiegelte und von Eros regierte einstige Hauptstadt der Welt: ein günstiges Klima für Leute, die hier ein Künstlerleben verwirklichen und in ihrem Schaffen aufs Ganze gehen und aufs Höchste zielen möchten. Das Klima nenne ich darum bekömmlich, also wohl zutiefst human, weil Kunst und Liebe das Leben achten und in einem gewissen Sinne überhaupt erst ermöglichen, nämlich erschließen und, nicht zu vergessen, steigern. Das Schlüsselwort heißt Freiheit, die schöpferische Freiheit selbstredend eingeschlossen; Freiheit aber auch als Anrecht auf irdisches Glück, Liebe und, nicht zu vergessen, Schönheit.
Hier eine Passage über Stadterleben aus meinen Aufzeichnungen: «Die Stadt ist die große Fremde, sie betört dich mit abertausend Eingängen, die Eingänge sind Vorspiegelungen und Verlockung. Wärst du drinnen, gelänge der Eintritt, es wäre der Zugang zum Allerheiligsten oder doch Allerbetörendsten. Du gehst in der Stadt um wie am Wunderfaden der Ariadne, Herz und Sinne hochgestimmt. Du gehst auf der endlosen steinernen Bühne, der Stein ist gesättigt mit Geschichte, Geschichten. Die Stadt ist das Komplexe schlechthin, die größte Verdichtung, die Dichtung, wo die Neugier auf Schritt und Tritt in Traum und Rausch umschlägt. Du bist draußen (ausgesperrt), doch so nahe, daß du unwissend lauter Paßworte flüsterst, es sind Worte des Wiedererkennens oder der Ahnung; du trittst durch die wechselnden Ansichten, die Schichten immer tiefer ins Rätsel, das so nah am Wissen ist wie der Akt der Liebe am letzten Erkennen, am Tod. Abenteuer wäre ein hilfloses, jedoch in die Richtung weisendes Wort für das Mysterium. Schon als

Kind fühlte ich die Hochstimmung, wenn ich in eine richtige Stadt verschlagen wurde, wo alles vor Dichte und Sättigung vibriert und dich in ein somnambules Nähern, nein, in ein inständiges Aufmerken, ein sonderbares Glück schleudert. Jede die Fassungskraft übersteigende Stadtdichte, überhaupt jede Stadt, die den Namen verdient, wirkt exotisch, weil nur dieses Wort die Heftigkeit der Überwältigung angeben kann, die dich wie Drogenrausch hinreißt und wegschwemmt. Dem Erkennen geht immer der Schock des Fremdseins voraus. Doch in dem überwältigenden Film ist eine tiefe Vertrautheit als Lockung verborgen. Du warst schon hier, gleich wird dir alles einfallen. Was einfallen? Dein ganzer Apparat ein Aufmerken – und Hingabe wie in der Liebe. So nahe – woran? Du kommst von dir frei und entbrennst in einer Weltliebe, die nur Heimat meinen kann. Trittst ein in die Menschenwelt. In den großen endlosen ewigen Roman. Du wärst angekommen und zugehörig. Du wärst Leib im Leib, du wärst Liebe, verloren wie in der Liebe, erkannt und erkennend wie in der Liebe. Es ist das ERINNERN DER GEGENWART. Ganz eins und frei von dir. Endlich Mensch.»

Nun ist dieses alte Paris ja keineswegs stehengeblieben, sondern in erregender Wandlung begriffen und heute mehr denn je wieder weltbedeutend geworden, schon nur in dem Sinne, daß es wie keine andere europäische Stadt in seiner Bevölkerung riesige Teile der Welt repräsentiert und damit natürlich auch die Spannung zwischen den alten europäischen Traditionen, auch Vorurteilen, und etwa den Ambitionen der arabischen Welt, auch die Spannung zwischen der reichen ersten und der armen dritten und vierten Welt, die Nord-Süd-Spannung. Und diese Spannungen werden hier offen ausgelebt, was unsereins, ob wir wollen oder nicht, in die Konfrontation einbezieht. Paris – offene Stadt. Suchten wir unter anderem auch diese Weitung; und in dem Sinne die WELT? Jedenfalls trägt dieser Aspekt zur Lebendigkeit bei, wie ja andererseits Paris lange Synonym war für Lebensschule und Horizonterweiterung. Suchten wir u. a. die Lebensschule? Oder suchten wir mehr oder weniger bewußt einen europäischen Zugehörigkeitsstatus?

Wir sind ja beide Flüchtlinge, würde ich behaupten, Schweiz-Flüchtlinge. Das unterscheidet uns von der erdrükkenden Überzahl unserer schriftstellerischen und Künstlerkollegen, die zwar herumreisen, einen Exodus jedoch nicht in Betracht ziehen und ihre Werke bzw. Gärten in der Heimat kultivieren, was sie nicht hindert, gute Künstler zu sein und ihrem Namen über die Grenzen hinaus Geltung zu verschaffen. Nimmt man dieses Faktum ernst, so erscheint unsere Auswanderung in einem höchst privaten Licht. Ich gebe gerne zu, daß meine Beweggründe, die Schweiz zu verlassen, privater Natur sind. Wie steht es bei Dir? Was würdest Du als Grund für Deine Abkehr von der Schweiz nennen?

Ich bin aus der Schweiz fortgezogen, weil da mein eigener Lebensroman stagnierte und zu verkommen oder zu versikkern drohte, ich brachte es damit zusammen, daß mir die Schweiz wenn nicht als Wüste, so doch als etwas erschien, das bei mir Lebensunlust und Schaffensmüdigkeit auslöste und mir immer gespenstischer erschien. Zweitens ist man als in der Schweiz lebender Intellektueller und Künstler – wenigstens gilt das für den Deutschschweizer – sowohl von innen wie von außen her aufgefordert, ja fast gezwungen, sich mit der Thematik des helvetischen Malaise auseinanderzusetzen; diese Thematik scheint unabdingbar, und ich hatte sie seit langem satt, weil ich an von innen kommende Veränderungen nicht mehr glauben kann und weil mir das entsprechende Engagement darum unfruchtbar vorkommt, sinnlos. Die Schweiz wird sich nur aufgrund eines Drucks von außen ändern (oder öffnen), das ist meine Überzeugung. Drittens hatte ich zunehmend Probleme mit der deutschschweizerischen Literatur (wie übrigens auch mit der deutschen), Zugehörigkeitsprobleme, ich fühle mich immer weniger verbunden mit diesen Literaturen (in dem, was ich suche und anstrebe), seit langem wünschte ich mir, aus dem deutschsprachigen Literaturbetrieb auszubrechen. Was sich im übrigen als richtige Entscheidung herausgestellt hat. Ich scheine mir besser zu gedeihen im französischen Kulturraum, auch wenn ich weiterhin deutsch schreibe. Ich fühle mich freier. Befreit (von etwas). Auch scheint mir, das französische Publikum verstehe besser, was ich meine. Jedenfalls fühle ich mich wohler, wo ich jetzt bin. Ich sehe Paris als meine Wahlheimat an.

Je me reconnais tout à fait dans l'expression que tu emploies quand tu dis que tu as quitté la Suisse pour des raisons d'ordre privé. J'ai d'ailleurs toujours été agacé par ceux qui partent avec un sentiment de supériorité, comme si leurs raisons valaient pour tout le monde, comme si leur départ était chargé de signification. Encore faudrait-il pouvoir rester! Il n'y a ni choix, ni leçon. On part. C'est tout.
Nous ne sommes pas des propagandistes de l'exil, comme on en rencontre si souvent dans le milieu artistique – leur qualité de personne déplacée est parfois leur seul prodige. Mais que ceux qui restent ne nous cassent pas les pieds avec leur enracinement.
D'ailleurs, pour autant que je m'en souvienne, je n'ai pas particulièrement de quoi être fier de mon départ de Genève. J'ai surtout eu peur de devoir rester, la confirmation de ma nomination comme enseignant à Paris ayant tardé à cause

des événements de mai 1968. Cela fait un bail. Quand la Confédération fêtera son 700e anniversaire, j'aurai pratiquement passé la moitié de ma vie, et la plus grande partie de ma vie d'adulte à Paris.
Se souvenir des raisons qui m'on fait partir? J'ai eu souvent l'occasion d'en parler, d'y penser, et par conséquent de me forger une fausse mémoire. C'est une des deux questions que l'on me pose le plus souvent: «Pourquoi avez-vous commencé à faire de la peinture?» Il est vrai que je m'y suis mis tardivement, et «pourquoi êtes-vous venu à Paris?» Pour la première question, j'ai un récit parfaitement au point. Pour la deuxième, je devrais m'étonner qu'on me la pose encore, et encore plus de me la poser. Logiquement, vu le temps que j'ai passé ici, on devrait, je devrais me demander comment j'ai pu vivre en Suisse à l'époque où j'y étais, et surtout comment je suis resté suisse si longtemps sans y être.
Il y a le pays de l'enfance, ses traces, l'attachement intérieur, et les liens (je les ai déjà évoqués). Pendant longtemps, lorsque je reprenais le chemin de la Suisse, en train ou en voiture, passé la première marche du Jura français qui mène à l'altitude des sapins (de ce côté, le Jura est comme un escalier de géant), j'ouvrais la fenêtre pour recevoir leur parfum en plein visage. Quelquefois, dans la période de Noël, je me rendais quai de la Corse sur l'Ile de la Cité, à Paris, au marché aux fleurs pour m'enfouir dans les milliers de sapins et m'imprégner de leur odeur. L'enfance laisse ses engrammes; après, les traces sont plus éphémères.
Il y a la nationalité. Même si on ne lui attribue pas une importance considérable, même si on la considère comme le fruit du hasard, c'est un costume que l'on porte et un moyen pour les autres de vous identifier. «Je suis suisse», «tu es suisse» ... «Ah, tu n'es pas français, d'où viens-tu?» «Vous, les Suisses, vraiment ...» «J'adore vos chalets». «Où

achètes-tu cet excellent gruyère?» «Vos banques, hein, bon, toi, tu n'as pas de problèmes.» «Monsieur, votre passeport! Merci. Et votre carte de séjour, s'il vous plait.» «Qu'est-ce que tu as voté? ... Non? tu n'as pas voté? Ah, tu es suisse ... Alors tu votes en Suisse» ... «Non. Les Suisses de l'étranger ne votent pas.»

Il y a le refuge. L'endroit où l'on retourne lorsque l'on est fatigué, lorsque l'on se sent complaisamment plié par les épreuves, lorsque l'on a besoin d'un recours si ce n'est d'un secours. On est parti, d'accord, mais à la dernière extrémité on pourra toujours revenir. D'ailleurs nos hospices suisses sont très confortables, non? Je pense parfois à cette tradition de nos communes d'origine: accueillir leurs vieillards indigents. J'y pense avec ironie, mais cela me donne quand même un sentiment de sécurité. Le pays-refuge, c'est aussi la présence discrète, ici, à ses côtés, pas loin, d'un ordre, d'une immobilité, quand l'irrationnalité et l'agitation nous assaillent. Je ne suis pas un voyageur sans bagage, je ne suis pas un accrobate sans filet.

Il y a le pays des gens. Les amis, la famille (naturelle ou élective) que l'on a gardés. Ceux que l'on va voir, ou qui viennent ici. Cela fait partie du pays de l'enfance, de l'attachement, du refuge, mais c'est aussi un motif de visites, de conversations, de participation à la vie quotidienne de la Suisse. On pense la Suisse, on la capte, à travers eux. Elle reste présente concrètement, mieux, elle se renouvelle. Sans ces liens personnels et affectifs, sans ces rencontres, sans ces histoires qui se poursuivent, peut-être n'y aurait-il plus rien que de l'indifférence.

Ainsi, malgré tant d'années, la Suisse a continué d'exister pour moi.

Faire partie d'un monde qui me dépasse, d'un monde dont je ne serais pas responsable. Etre moi-même libre d'être irresponsable. Echapper au poids de la cohérence que j'affichais. Adopter l'incertitude, l'irrésolution. Ne pas avoir à prouver ce que j'étais ou ce que je n'étais plus. Mais surtout, vivre en ville. Voilà, en quelques mots, ce qui m'a conduit à Paris.

Paris n'exerçait pas sur moi une fascination particulière en tant que Paris – ville de culture et d'histoire, mais en tant que Paris –, ville de voitures, de pierre et de goudron. Enfant, je trouvais déjà que La Chaux-de-Fonds n'était pas une vraie ville, avec son feu rouge au carrefour du casino qui ne fonctionnait qu'à midi et six heures, avec son odeur de montagne jusque sur l'avenue Léopold-Robert qui venait seulement de perdre le nom de rue. Je ne cherche pas à me singulariser en cette époque d'écologie et de défense du bon air, mais lorsque nous venions en vacances ici, ce qui me plaisait le plus était la circulation et l'odeur d'essence. Plus tard, mes goûts se sont diversifiés.

Pourtant, après plus de vingt ans, c'est encore ce qui me retient. Bien sûr, pas l'odeur d'essence, mais la présence de l'espace urbain qu'elle signifie. J'aime la ville. Son étendue. Habiter au milieu. Ne pas voir ses limites. Les rues, les places, les cours, les coins, les recoins, la fraicheur des portes cochères, la vapeur chaude des bouches de métro. La foule. Les trottoirs vides, le soir (mais quelqu'un!). J'aime les croisements d'autoroutes, les périphériques, les inquiétants, les sales gueules, les maisons humides. J'aime les fenêtres, surtout les fenêtres, allumées la nuit, avec des gens dedans, partout. J'aime voir sans être vu. Disparaître. Rencontrer un ami par hasard alors que c'est impossible. J'aime entrer dans les bistros comme un inconnu.

Tu observes avec exactitude que nous ne sommes ni l'un ni l'autre de grands consommateurs culturels. N'importe quel touriste en voit rapidement plus que nous. A la vérité, je fréquente quand même les expositions, par conscience professionnelle, et je vais régulièrement au Louvre voir des tableaux qui, pour la plupart, ne sont pas français. Tu notes aussi que nous n'avons pas recherché les «cercles», les coteries, et autres avant-gardes, ni les profits d'un centre, d'une capitale culturelle, qui d'ailleurs n'existe plus. Il n'y a de raison de rester ici que la ville, la culture de la ville, comme tu dis, mais c'est bien suffisant.

Deux choses ont différencié notre détermination de venir précisément à Paris.

Tu mentionnes la première: la position qu'elle occupe par rapport à notre milieu de vie antérieur. En y venant, tu quittais un environnement culturel germanophone, tu t'imposais non seulement un changement de cadre, d'espace, de relations sociales, mais aussi la rencontre avec une autre langue: rupture importante et courageuse dont je ne mesure pas bien les conséquences, parce que j'ai justement pris le chemin inverse. Je suis parti pour le centre théorique de la culture dans laquelle je baignais depuis ma naissance. Je dis bien le centre théorique, car seule une vue superficielle et formelle donne à Paris un rôle si déterminant dans la pensée et dans les rêves de tous les Suisses-romands. En réalité, mes désirs étaient plus simple: je rêvais d'une vraie ville, d'une métropole. Le monde en offre quelques unes. Mais Paris est le seul espace urbain démesuré qui parle le français. C'est une raison idiote, mais c'est ainsi.

Il est normal que tu oublies la deuxième différence, parce que tu ne me connaissais pas quand j'ai quitté la Suisse. Alors que tu es venu ici artiste, écrivain, continuer à écrire, je suis venu sociologue sans doute animé du souhait de faire autre chose, de changer, d'échapper au discours rationalisé et politique que j'avais pratiqué jusqu'alors, mais sociologue tout de même, et, qui plus est, destiné à enseigner la sociologie urbaine.

C'est pourquoi, à propos de la Suisse, j'ai tant insisté sur la difficulté des petites ruptures. J'ai vécu la fin de mon séjour à Genève enfermé dans un réseau de contraintes, de regards croisés, de rôles bien répartis, et je n'ai pas cru avoir la force de les briser. Pour quitter le personnage que je m'étais fabriqué, il me fallait entrer dans un monde faillible, indéterminé. Dire qu'il est plus commode d'être un inconnu pour se faire connaître sous un nouveau visage est insuffisant; dans la ville immense, j'espérais avoir le droit à l'erreur, et je n'ai pas été déçu. Plus tard, je me suis découvert peintre.
Tu dis: «Le mot clef s'appelle liberté.» J'ajouterai que, dans mon destin personnel, Paris m'a donné la clef de ce mot.
Comment? Paradoxalement parce que je vivais enfin dans une société et dans une culture dont je ne me sens pas responsable, dans un pays que je n'assume pas. J'étais, ici, allégé d'une dette que je croyais avoir et qui me pesait. En Suisse, je me mêlais de tout, participant à ceci, changeant cela, donnant mon avis, essayant de convaincre, rangeant un objet, parant à un désordre, vitupérant contre un ordre ... Bien sûr, il m'a fallu apprendre à n'être rien. Paris m'a donné le temps d'apprendre et le droit de me tromper.
Le mot «Stadtkultur» que tu emploies signifie bien autre chose et beaucoup plus que les mots de «capitale culturelle» dont on affuble couramment Paris au présent ou à l'imparfait.
Comme tu le soulignes, la culture au sens strict, je dirais presque au sens bourgeois, est présente partout, sédimentée dans les pierres et dans l'architecture monumentale, remémorée par la toponymie, évoquée par le souvenir des célébrités ayant fréquenté tel lieu ou habité telle maison. Elle est présente aussi comme un décor de littérature, de peinture, de cinéma. L'Histoire a laissé des traces dans tous les quartiers, la grande histoire, et aussi l'histoire vécue par les

petits, héroïque – comme en témoigne par exemple ces jours-ci la présence de bouquets tricolores accrochés au dessus des nombreuses plaques commémorant le sacrifice de ceux qui sont tombés à la libération de Paris – ou la petite histoire ordinaire – comme une loge de concierge murée pour chasser les squatters avant une rénovation d'immeuble. Chacun trouve ses repères, ses références, ses endroits de prédilection, ses pélerinages. Cela, c'est la ville de culture, avec aussi son marché, sa consommation, ses spectacles, ses foires, son industrie culturelle, son ministre, avec enfin ses artistes en tous genres.

Pour un artiste, le «Nährboden», le terrain fertile, ce n'est pas seulement la culture, mais la vie. Dans cette ville de culture, quel que soit son statut dans le monde, il y a mieux encore, une culture de la ville (Stadtkultur), une culture urbaine comme on dira moins pertinemment mais plus facilement en français. Cette culture m'a donné une conscience aiguë de ma dimension en tant qu'individu minuscule perdu dans la multitude. Elle m'a aussi donné les moyens de définir et de mesurer mes ambitions (au moins dans les meilleurs moments).

Cette culture urbaine est-elle en train de produire une conscience nouvelle analogue à celle de l'homme des sociétés rurales concentré sur sa propre humanité dans un univers qui le dépasse, perdu sous l'immensité du ciel étoilé?

Des villes, des apocalypses urbaines, il y en a d'autres dans le monde. En avons-nous en Suisse? De vraies villes? Zürich? Je ne sais pas. Mais une grande partie de la population mondiale a basculé ou basculera dans la culture urbaine, pour le meilleur ou pour le pire. Il faudra faire avec. Comprendre la ville, l'apprivoiser, cultiver cette nouvelle nature comme les hommes ont cultivé la nature (et même mieux, je l'espère).

Paris, ce n'est pas seulement la ville proprement dite, entouré de son mur-fossé, le boulevard périphérique. Toute l'agglomération en fait partie. Je sais que tu n'as pas une grande passion pour les zones suburbaines, les banlieues perdues, et les grands ensembles. Mais n'éprouves-tu pas comme moi de l'exaltation lorsque tu rentres de Suisse, en train, à pénétrer ces cercles, ces couches successives de maisons, d'entrepôts, de fabriques, de faux villages, de tours, de gares, de routes, de parkings, de maisons, d'entrepôts, d'autoroutes, de fabriques? Et quand tu es au centre de ce cercle, là où tu habites, ne sens-tu pas autour de toi le foisonnement contradictoire de la vie?
Ici, le monde est présent, oui, il est présent non pas tant par ses œuvres, que par ses hommes de toutes les couleurs et de tous les destins, par les échos de ses événements que répercute l'égocentrisme parfois comique des français, par des tensions et des conflits qui sont le résultat d'une croissance urbaine appelée à remplacer – dans l'équilibre ou dans le drame – le modèle d'établissement humain que constituait autrefois la maison paysanne. Ici, le monde est présent, non comme un objet abstrait, vu de l'extérieur, avec une sorte de hauteur qui voudrait être de la distance, mais comme les éclats, les morceaux dispersés d'un puzzle dont on ignorerait le dessin. Ici on applique bien sûr à profusion la maxime: puisque ces mystères nous dépassent, feignons d'en être les organisateurs. Mais il y a toujours un petit coin d'ironie. Oui, la prétention, mais aussi l'ironie. Ici, j'ai appris le bonheur de l'imperfection.
Car la ville vivante est aussi cela, un objet inachevé, plein d'interstices, d'espaces incertains, d'endroits imprécis, et de gens pour s'y glisser.

Selbstverständlich, mein Lieber, meine ich mit Stadt auch die Vorstadt und nicht einfach den denkmalschutzwürdigen legendären Architekturleib, ich meine das Komplexe mit dem furiosen Lebensausschlag und damit selbstredend auch die Zone, die Ober- und Unterwelt, die Wildnis, den Dschungel ... Ich habe in meinen Büchern darüber geschrieben und brauche nur auf die Passage einer Einfahrt in Paris in meinem Buch «Im Bauch des Wals» zu verweisen. Wenn wir von Stadtkultur sprechen, meinen wir nicht das Architekturmuseum, das sei klargestellt, sondern das aus dem herrlichen einmaligen wie dem unheimlichen und trostlosen Steingefäß züngelnde und von diesem mitgeborene Leben in seiner Pluralität, Vieldimensionalität und Anarchie. Die Menschenwelt in allen Farben und Schattierungen ...

Nun aber zurück zur Schweiz. Um an Deine rhetorische Frage nach echtem Stadtvorkommen in der Schweiz anzuknüpfen: In unserem urbomanen Verstand ist natürlich selbst Zürich keine richtige Stadt, wenn es auch als ein internationales Finanzzentrum gelten darf. Die schweizerischen Städte sind ihrem Wesen nach aufgeblasene mittelalterliche Städte, sogar wenn sie bevölkerungsmäßig die Großstadtgrenze erreichen; und die helvetische Kultur ist insgeheim eher auf ländliche denn auf urbane Tugenden und Verhaltensmuster ausgerichtet. Die Schweiz hat ja auch keine überragende Kapitale, kein Zentrum, dafür eine Vielzahl provinzieller Hauptstädte. Ich habe mich über all das in meinem «Diskurs in der Enge» ergangen und kann mir hier Abschweifungen ersparen, sie würden unseren Dialog sprengen. Statt dessen möchte ich Dir drei Beobachtungen mitteilen, wie sie der Auslandschweizer auf Kurzbesuch in der Heimat anstellen kann: heute. Sie haben natürlich auch mit Seldwyla zu tun, darüber hinaus jedoch mit einer sehr problematisch gewordenen Mentalität.

Die erste betrifft das Zürcher Tram, auf das, nebenbei gesagt, die Zürcher aus unerfindlichen Gründen so stolz sind, als handle es sich um ein geliebtes Haus- oder gar Wappentier. Wenn ich in Zürich Tram fahre, dann ist mir, als hätte ich einen bockigen Esel bestiegen, aber bestimmt kein Transportmittel. Das Zürcher Tram fährt nicht, es fährt an, um gleich wieder zu bremsen, fährt und bremst, sein Zweck scheint darin zu bestehen, deine Glieder durchzurütteln und deinen Kopf mit anderen Köpfen in Kollision zu bringen. Was zum Teufel ist jetzt wieder los, denkt der ahnungslose Zugestiegene, der gern seine Zeitung gelesen hätte, statt dessen aber mit der Personifikation der legendären Tücke des Objekts konfrontiert wird. Zudem schließt das Tram mit konstanter Bosheit immer dann die automatischen Türen, wenn ein leicht verspäteter Gast vor der abfahrtbereiten, doch stillstehenden Bahn Einlaß begehrt. Natürlich hängt die beschriebene Fahrweise auch mit den kurzen Fahrtstrecken und allzu vielen Rotlichtern zusammen, doch erklärt das längst nicht alles. Das aus dem ständigen Anfahren und Bremsen verursachte *Ruckzuckeln* hat auch, wenn nicht hauptsächlich, mit einem spezifischen Fahrverhalten und damit mit einer Mentalität zu tun. Der Fahrer im Motorwagen scheint immerzu wütend zu sein. Er hadert innerlich mit all den Vorschriften, die seinen Kopf terrorisieren wie Stacheldraht eine Wiese, er hadert mit den Autofahrern und übrigen Verkehrsteilnehmern, die ihn darum ärgern, weil er alles besser weiß, er leidet unter dem Übermaß an Vorsicht, das ihm eingebleut ist und ihn darum bremst, mit einem Wort: er nimmt sich verdammt wichtig in seiner verantwortungsvollen Position, die niemand ermessen, geschweige denn genügend schätzen kann, und darum hadert er mit seinem Status, vor allem aber mit den verfluchten Nichtstuern von sogenannten Fahrgästen, die er es denn auch

spüren läßt, und denen er die Tür vor der Nase schließt. Er ist gehäßig, er ist frustriert; es ist die verkehrte Welt.
Mir fällt das besonders auf, nicht nur weil ich ganz andere Verkehrsverhältnisse, ein zuweilen wirklich höllisches Verkehrschaos gewohnt bin, sondern wenn ich an die Pariser Busfahrer denke, die ohne zu mucken die wahnsinnigsten Verstopfungen aushalten und kommentarlos die verrücktesten Engpässe meistern, Engpässe, wo es um Zentimeter- und manchmal Millimeterpräzision geht, und dabei *fahren* diese Busse, wo freie Bahn ist, drauflos, und die Fahrer finden immer wieder Gelegenheit, jemanden zusteigen zu lassen, wenn der Bus in einer Stockung gerade hält.
Die zweite Beobachtung: Ich bestelle im Bahnhofsbuffet Kaffee, d. h. ich möchte gern eine Kanne Kaffee und dazu einen kleinen Krug gekochte Milch, wie ich präzisiere, weil ich Kaffeerahm und auch die «Schale Gold» (die mir immer zu hell ist) nicht mag, ich bin gerne bereit, Zuschlag zu zahlen. Die Bedienung gibt mir zu verstehen, daß ich entweder eine Tasse Kaffee mit Kaffeerahm oder aber ein komplettes Frühstück mit Brötchen und Gipfeln etc., in diesem Falle auch gekochte Milch, haben kann, das eine oder das andere, keinen Extrawunsch, keine Extrawurst. Warum, frage ich, sollte es so kompliziert sein, die sture Regel zu umgehen? Warum der Mangel an Flexibilität, die Bevormundung, Unfreundlichkeit, der Gestus der Repression dem Gast gegenüber, von dem es früher hieß, er sei König? Warum diese abschreckende Praxis im Gastgewerbe, das einst zum Stolz der schweizerischen Leistungsdienste zählte? Die verkehrte Welt . . .
Das dritte Beispiel: Der Nachrichtensprecher am Deutschschweizer Fernsehen. Der Nachrichtensprecher SRG ist ein griesgrämiges Wesen, das mit Leichenbittermiene in angestrengtem Bühnendeutsch ab Blatt das Welt- und innenpoli-

tische Geschehen rezitiert und von Zeit zu Zeit einen furchtsamen Aufblick in Richtung Fernsehpublikum wagt. Verklemmt wäre zu wenig gesagt für den Anblick, es sieht fast so aus, als hätte sich der Sprecher in die Hose gemacht. Zwischen den teils hochdramatischen Nachrichten und seinem Gesichtsausdruck besteht kein Wechselspiel, das einzige, worauf es anzukommen scheint, ist das korrekte Aussprechen fremdländischer Namen. Vor wem sitzt der Verklemmte im Examen? Vor wem fürchtet es sich dermaßen? Er fürchtet sich vor Versprechern, der Musterschüler, den Inhalt gestattet er sich ausdrucksmäßig zu ignorieren, höchstwahrscheinlich ist es so, daß er für ein Begreifen des Abgelesenen einfach keine Kraft aufbringt.
Was zeigen diese – zugegebenermaßen zufällig ausgewählten – Beispiele? Sie zeigen eine tiefe Verunsicherung, man könnte weitergehen und behaupten, sie zeigen Verhältnisblödsinn und Realitätsverlust, und dies in einem Grade, der an Geistesgestörtheit grenzt.
Es muß zusammenhängen mit einem unbegreiflichen unverdaulichen Wertezerfall. Der Schweizer lebt in einer Scheinwelt. Die Scheinwelt, Produkt einer lange währenden, durch Schule und Armee und ewige Festtagsrednerei praktizierten Indoktrinierung, kleidet den Schweizer in ein perfektes Sonntagsgewand, das aus lauter feinen Stoffen, ich meine Tugenden, gefertigt ist. Die Tugenden heißen Sauberkeit, Rechtschaffenheit, Demokratie, Neutralität, Freiheitsliebe und Wehrbereitschaft, gesunder Menschenverstand, Tüchtigkeit, Schaffigkeit, Pünktlichkeit, Humanität, Asylgroßmut etc. Und der Lohn für soviel gottgefällige Tugend ist der wohlverdiente Wohlstand. Diese Tugenden waren dermaßen verinnerlicht, daß keine Kritik dagegen aufkam. Wer kritisierte, desavouierte sich ganz von selbst als potentieller Landesverräter.

Die Realität sieht aber leider anders aus. Sauberkeit? Ja, die Straßen mögen immer noch sauber sein, man sehe sich jedoch den Platzspitz an. Kürzlich brachte das französische Fernsehen einen Bericht über die dortigen Verhältnisse (übrigens einer der ganz seltenen Fälle, wo die Schweiz in den französischen Medien überhaupt vorkommt, wie Du weißt): Man glaubte sich den übelsten Verhältnissen aus Katastrophengegenden der armen dritten Welt gegenüber, ein lebendes Leichenhaus, seelisch und physisch schmutzstarrend, die Bewohner jener Gegend wie eine Kaste der Unberührbaren in Indien oder wie jene vom Großen Bruder nicht überwachte, weil abgeschriebene Untergesellschaft im Roman *1984* von Orwell, die wie eine Art «Andere Menschenschau» vor sich hinverrecken kann.
Rechtschaffenheit? Die Wirklichkeit, heißt, übrigens wie überall, neuerdings auch Korruption, und zwar, wie der Fall Kopp zeigt, bis in die Regierungsspitze hinauf; die Schweiz ist diesbezüglich kein Sonderfall mehr. Tüchtigkeit, Schaffigkeit? Seit langem wird der legendäre helvetische Wohlstand nicht mehr mit Vorzeigeprodukten unter dem Gütezeichen der Armbrust, nicht mehr mit Präzisionsmaschinen, Eisenbahn, Schiffsmotoren, nicht unbedingt mit Nestlé und nicht mehr mit der Chemie in Zusammenhang gebracht, sondern mit den Gnomen von Zürich und seit kürzerem mit Geldwäscherei. Freiheitsliebe, Wehrbereitschaft? Bei der Abstimmung über die Abschaffung der Armee sprach sich ein unerwartet großer Teil der Bevölkerung für die Abschaffung aus. Die heilige Kuh abschaffen? Heißt das nicht unter anderem, daß sehr viele Schweizer das Land in seinem heutigen gesellschaftlichen und moralischen Zustand nicht für verteidigenswert halten? Oder sprach sich in der breiten Willenskundgebung ein berechtigtes Mißtrauen in die Neutralität aus? Ein diesbezüglicher Unwille, genährt vom Ver-

dacht, die Armee sei vor allem dazu ausersehen, eine fragwürdig gewordene Ruhe und Ordnung, eine irgendwelchen nicht genannt sein wollenden Herren und Geschäften bekömmliche Fassaden-Friedlichkeit aufrechtzuerhalten? Wie verrückt die Armee in ihrem geheimen Inneren spielt, trat erst nach der Abstimmung zutage, als zusammen mit dem Fichenskandal auch die einem geistesgestörten Feindbildszenario entsprungenen Geheimbündler-Machenschaften ans Licht kamen. Von der Asylantenpraxis ganz zu schweigen.

Ja, Schein und Wirklichkeit klaffen in der Tat auseinander im Musterstaat Helvetien und in der geplagten, von so viel Verdrängung gestreßten Psyche und Psychologie seiner Bürger. Kein Wunder, daß ihre Gesichter einen so gehässigen und freudlosen Eindruck hinterlassen.

Die Unfreude. Man hört gewissermaßen die mürrischen Gedanken knirschen hinter den Stirnen der in einer der besten der Welten lebenden Auserwählten, wenn man von außen kommt. Und sagt sich: Den Leuten geht es so gut, die Löhne sind gut, die Versicherungen ausgeklügelt allumfassend, die Arbeitszeiten bestens geregelt, die Ersparnisse vermutlich gottgefällig, tue recht und scheue niemand, aber kein Leben und kein Lebensgenuß. Statt Leben Lebensregeln. In den Regeln kennt sich keiner mehr aus. Die Verdrossenheit hat zu tun mit den eingebleuten Mythen als Selbstverständnis und einer krass davon abweichenden Realität. Bevor die Skandale platzten und die vielen weißen Westen sich als Illusion erwiesen, als Märchenkostüm, kam das Malaise des Schweizerseins, sieht man von den Äußerungen der kritischen Intelligenz ab, massiv einzig in den Manifestationen der Jugend, vorab derjenigen, die sich sehr bezeichnenderweise BEWEGUNG nannte, zum Ausdruck. Es waren Manifestationen nicht nur einer Verstörung, sondern der Verzweiflung. Andere Teile der Jugend präsentieren sich als eine ewige Yuppie-Welt, die den gefährlichen Stillstand und unheiligen Frieden in helvetischen Landen mit modischen Imitationen der Weltläufigkeit kompensiert. Sie sind eifrige Konsumenten aller Welterrungenschaften und Weltvergnügen, sozusagen auf die große Welt abonniert und anscheinend international orientiert, selbstzufriedene Nutznießer, doch ist ihre Weltläufigkeit auch nicht mehr als Maske und Floskel.

Wir kennen uns aus in der Welt, wir sind super, wir sind auf der Höhe der Zeit, wir sind moderne Schweizer, nein, Weltbürger, eine Avantgarde (womöglich), sagen die nach neuestem Modestand geschnittenen Mienen, sie sagen es gewissermaßen auf englisch und so, als seien sie frei vom Gewicht der Welt und als sei der mit sich selbst geschlossene Friede eine moderne Errungenschaft. Gespenstisch.

Friede. Kaum betrittst du die Schweiz wieder, mußt du deine Augen und Sinne umgewöhnen. Hier herrscht ein falscher ewiger Sonntag. Die Trambahn fährt nicht richtig, sie tut nur so, als ob sie fahre. Alles verlangsamt sich in einer Art Zeitlupe und steht dann überhaupt still. Der Lebensstillstand, denkst du. Kein Lebensanruf mehr. Der Animus hat sich aus der Welt gestohlen. Ist die Luft dünner? Ja, aseptisch. Ein sonnig grinsender Ausnahmezustand. Es ist der falsche Friede, der sich wie eine Glasglocke über dich stülpt und dir ein ungläubiges Staunen abverlangt. Natürlich gilt das nur für eine kurze Spanne der Umgewöhnung, eine Art Selbstverlust, ein Aus-der-Zeit-, Aus-der-Wirklichkeit-Fallen. Dann wirst du gleich in ein Kleingezänk verwikkelt, das gigantische Dimensionen annehmen kann. Und der Ärger hilft dir, wieder Fuß zu fassen nach dem erschrekkenden Schwebezustand. Ich wollte mit den paar Bemerkungen betonen, daß die Heimkehr einen Schock der Fremde und der Verfremdung (vor allem) auslösen kann. Der Eindruck von falschem Frieden und Unwirklichkeit, die kurze Verstörung, sind die Quittung auf die trügerische Aura von Geschehnislosigkeit, die dich wie ein dicker Nebel zu verschlingen droht. Oder wie ein Jenseits (von allem). Unter diesem Jenseits litten die Jungen, die die BEWEGUNG angezettelt hatten, und vermutlich eine gute Zahl der Todeskandidaten auf dem Platzspitz in Zürich. Das Jenseits hat viele Namen. Gerold Späth hat es die heile Hölle genannt. Es ist etwas, das vorgibt, frei zu sein vom Gewicht der Welt. Es ist die Frucht der lange währenden Abkapselung, und dies gewissermaßen als Staatsmaxime, im Namen einer Neutralität, die aufs unbarmherzigste nur Eigennutz im Sinn hat. Etwas Ungesundes.

Ce monde suisse malade que tu décris par des comportements de tous les jours est l'envers d'un monde au visage raisonnable, il est l'expression d'une tension extrême qui ne trouve pas à s'exprimer.

Il y a des pays où la catastrophe est une institution sociale. Est-ce un signe de haut développement? Disons qu'il y a des pays où la catastrophe se produit et d'autres où l'on s'en occupe. En Suisse, nous sommes de véritables spécialistes. La nature est peu agressive, à l'exception de quelques petites secousses, et nous échappons depuis longtemps à la guerre. Le danger est hors les murs. Cela donne un regard particulier, fait d'attention, de compassion, de prudence, et de satisfaction quand on a pu faire «quelque chose».

Ce qui est vrai pour les catastrophes collectives qui surviennent à l'extérieur, est aussi vrai pour les catastrophes individuelles qui se produisent à l'intérieur, comme si chaque Suisse nanti se conduisait à l'égard des Suisses abandonnés

par le destin comme la Suisse se conduit à l'égard des nations accablées.
Tous les Suisses ne sont pas à l'abri des abîmes individuels, des ruptures, des pertes, des escapades dans le néant. J'ai aussi vu le reportage sur la politique de la police zürichoise à l'égard des drogués, à la télévision française. Je ne sais pas si cette politique est de nature à mettre fin au fléau, mais sa sophistication, sa complexité, et les moyens mis en œuvres sont impressionnants. Le «Platzspitz» et ses remèdes font partie de l'institution Suisse.
Un monde sans discontinuité, sans faille, laisse-t-il la place pour de petites ruptures? La Suisse n'interdit pas l'usage de la liberté, c'est sans doute l'un de ses mérites; mais lorsque cet usage ne s'inscrit pas dans la continuité sociale suisse ou dans les marges prévues par elle, il conduit tout droit à la perte si ce n'est à la mort, à ce que j'appelais la catastrophe individuelle. C'est une grande question pour cette société. Pourquoi certains de nos enfants vont-ils justement là où nous ne désirions pas qu'ils aillent?
A cette question sans réponse, il ne reste plus que l'issue de la prise en charge. L'institutionnalisation des destins individuels n'est pas une orientation propre à la Suisse. Chaque pays, chaque société, confrontés à ce genre d'impasse – la survenance de l'indésiré – réagit de cette façon: ce qui n'est pas désiré et pourtant se produit devient l'objet d'une préoccupation collective. Notre société développée paie peut-être sa complexité par une fermeture qui conduit certains des siens à leur perte.
La Suisse n'est pas seule dans ce cas, mais je crois qu'elle fait figure de modèle.
C'est un pays où l'on souffre du trop de structures, du trop d'organisation, d'une hypertrophie du lien social. On y cultive ce qui serait une vertu si ce n'était pas un excès: une

conscience aiguë de l'existence de l'autre. Chacun regarde chaque autre avec une attention soutenue. Ce pays est inadapté aux petites ruptures personnelles, aux flottements individuels, aux états intermédiaires qui sont souvent décisifs dans la vie.

Y aurait-il, en Suisse, un dieu secret, un démiurge manipulateur, qui ferait tout pour que le pays ressemble à sa maquette? N'es-tu pas frappé, chaque fois que tu rentres, par le soin du détail? Un tel pays est constamment menacé de déséquilibre, un rien pourrait le décoiffer, même une caresse.

Tu as dit que passé la frontière, on ressent quelque chose dans l'air, qui serait – je cherche une expression en français – comme le parfum d'une mentalité. Je trouve que cette chose, quel que soit le nom qu'on lui donne n'est pas seulement immatérielle et sensible, mais véritablement incarnée dans le paysage.

Depuis mon enfance, chaque fois que je quitte la Suisse ou que j'y arrive en train, j'essaie de repérer le lieu exact du changement de pays (ce jeu est impraticable en voiture à cause du signal que sont les postes de douane). Et, même depuis que le temps a effacé les vestiges de la guerre et les marques d'inégalité économique, il subsiste une différence visible dans l'ordonnance de l'espace: différences dans le domaine construit – architecture, matériaux, voies de circulation, etc., dans l'organisation spatiale de l'agriculture, mais je dirais, plus profondément, dans le fini de cette ordonnance.

Je crois que l'un des éléments de ce que tu appelles la «mentalité» suisse est cette relation si particulière à l'espace comme espace fini.

Cela tient évidemment à la dimension de notre territoire national. Mais plus encore à nos territoires de référence qui sont dans l'espace proche, la commune, et ensuite le canton. Dans beaucoup de pays le territoire de référence est constitué d'un espace proche, mais ce qui caractérise, pour la Suisse dans son ensemble, cette relation au territoire et qui la rend originale, c'est l'emboîtement de ce territoire proche dans un territoire un peu moins proche, puis dans un autre un peu moins proche encore. Il n'y a pas de rupture, comme dans beaucoup de pays où une localité, un espace de proximité, se trouvent isolés dans une immensité. Il n'y a pas de solution de continuité entre l'environnement familier et les espaces plus vastes. Notre géographie, notre citoyenneté si particulière, nos institutions, ménagent toute une série de repères et de médiations.

Notre espace est morcelé, mais il est continu.

En Suisse, il y a toujours moyen de voir une frontière. Il suffit de lever la tête et l'on voit la limite d'une autre commune, d'un autre district, d'un autre canton, et enfin, du pays. Ce propos est-il influencé par mes origines chaux-de-fonnières, la proximité de la frontière française, et sa matérialisation spectaculaire par les gorges du Doubs? C'est possible, mais tout au long de mon enfance, quand je me promenais dans la campagne, j'ai été frappé par la profusion du bornage: ici s'arrête telle propriété et commence telle autre, ici s'arrête telle commune et commence telle autre, etc.

A ceci, j'ajouterais l'aspect enfantin du paysage suisse. Piaget (l'un de mes Suisses de référence) montre qu'à un certain moment de son développement intellectuel, l'enfant construit sa représentation de l'espace à partir de signes matériels successifs: par exemple: d'abord, je vais jusqu'à la boulangerie, puis jusqu'à l'affiche jaune, puis jusqu'aux deux arbres, etc. Il ne s'en fait pas une représentation globale et abstraite. L'objet qu'il quitte est remplacé par un objet vers lequel il va. Et bien, le paysage suisse, c'est comme cela: à peine a-t-on quitté un objet qu'on en aperçoit déjà un autre; et jamais on ne se trouve sans une trace de présence humaine visible à l'horizon.

Dans le paysage suisse, il n'y a pas de vide.

Notre espace est fini, continu, et il n'y a pas de vide. Si c'est une partie de l'univers de référence de tous les Suisses, toutes régions confondues, n'y aurait-il pas là de quoi constituer une «mentalité» commune, un embryon de culture commune, aussi bien par l'intériorisation satisfaite et heureuse de ces références que par la révolte qu'elles peuvent susciter? N'y aurait-il pas là des données de fait qui peuvent engendrer des conduites et des règles semblables?

Et si, à ces caractères de l'espace correspondaient des caractères du temps, nous aurions à faire avec un mode de vie et non plus seulement avec une mentalité. Peut-être existe-t-il un espace-temps suisse lié à notre histoire, et aux modalités de notre agrégation en un seul pays? Dans cet espace-temps, il n'y a ni faille, ni place pour l'errance. Il n'y a place que pour l'adaptation (même conflictuelle) et la chute.

Nous connaissons tous des Suisses sales et qui arrivent en retard, mais c'est tout de même une exception.

La propreté et la précision suisses ne sont pas seulement des stéréotypes cultivés à l'étranger ou dans les dépliants publicitaires. Je crois que la plupart de nos concitoyens sont plus ou moins investis de cette image. Il ne suffit pas d'en rire pour s'en débarrasser.

A Paris, où il est si difficile de respecter les horaires, mon ange gardien à croix fédérale me fait presque toujours des réflexions avant un rendez-vous, que j'arrive à l'heure ou non. C'est aussi l'occasion pour les autres de m'identifier comme Suisse en me disant: «à l'heure, comme un Suisse» ou bien «tiens, en retard, toi un Suisse».

Il est délicat de parler de sujets aussi rebattus. Je ressens

surtout un malaise à proférer des stéréotypes, des généralités sur une population ou sur un pays, même le mien. N'est-ce pas un langage raciste, une façon de désigner l'autre, de l'identifier tout en niant son individualité?
Le paradoxe est que ces stéréotypes-là, propreté et précision, me semblent intériorisés par beaucoup de Suisses, si ce n'est par tous. Que l'on s'identifie au modèle, ou que l'on cherche à s'en débarrasser, chacun est sommé de se situer. Je le dis d'autant plus tranquillement que, de ce point de vue, je me considère comme un Suisse tout à fait ordinaire, et un excellent représentant de ce modèle à l'étranger.
Je remarque au passage que ces deux vertus nationales ne sont pas des vertus au sens strict, précisément parce qu'il s'agit de moyens.
A ce propos, je me souviens de discussions houleuses à l'époque où je faisais de la politique à Genève. Nos adversaires de droite nous disaient toujours: nous sommes d'accord avec vos objectifs, mais pas avec la manière dont vous voulez les atteindre . . . Depuis j'ai observé cela dans de nombreux discours politiques suisses, la droite disant à la gauche (j'emploie ces mots pour simplifier): ce qui nous oppose, ce sont les moyens, pas les fins. La politique ramenée à une question de méthode. Tout le contraire de ce qui se passe ici, en France, où même en ce temps dit de «fin des idéologies» (en voilà qui ne finissent pas de finir), les projets pour l'avenir, les grands desseins, sont l'alpha et l'oméga du discours politique.
En dessinant l'image de la Suisse sous les traits de la propreté et de la précision, je ne fais que dessiner un pays où l'on préfère porter son attention sur la qualité de l'action que sur l'horizon des buts. Comme si, en ce qui concerne cet horizon, il existait un accord tacite.
Nous sommes tombés d'accord pour dire de ce pays dont

nous ne savons pas s'il existe réellement que, passée la frontière, on pouvait percevoir quelque chose dans l'air qui le caractérise. J'ai jusqu'ici insisté sur le paysage. Mais n'y a-t-il pas aussi un rythme, une apparence que prendrait le temps, particulièrement à certains moments de la journée, de la semaine, de l'année. Chaque pays a ses rythmes visibles, frappants pour le voyageur qui débarque et n'y est pas accoutumé. C'est l'une de ces impressions qui donne tant d'acuité au premier regard sur un nouvel univers. Mais le retour dans un pays natal peut produire l'effet symétrique: une sensation de familiarité. Quand je reviens de Paris, je retrouve, en Suisse, l'agitation des rues vers midi lorsque les gens rentrent manger chez eux, le calme après la fermeture des magasins le soir ou le week-end, les bistros qui se vident et qui se remplissent, avec les tables qui se couvrent de nappes au moment des repas et se libèrent ensuite pour ceux qui veulent seulement boire, l'atmosphère, le bruit des maisons dans les villes et les villages quand c'est l'heure d'être chez soi.

En vivant dans plusieurs pays, on prend conscience de la singularité du temps. A Paris, j'ai toujours aimé être à contre-rythme, jouer avec les rythmes de la ville. Je me demande s'il est possible de le faire en Suisse sans s'isoler, sans se couper des autres. J'ai l'impression, mais peut-être est-ce l'impression de celui qui veut se trouver des raisons de ne pas revenir, que l'organisation du temps suisse est l'objet d'une sorte d'accord général. On ne discuterait plus que sur des détails, un quart d'heure ici et là, ou la fermeture des magasins certains lendemains de fêtes. Mais, dans l'ensemble, tout le monde semble s'accommoder de rythmes dont la rationnalité se double pour moi d'un sentiment de contrainte et de lourdeur.

PS.
Je me souviens maintenant de ce que je t'ai dit quand notre dialogue suisse n'était pas encore ébauché: «Nous les Suisses-romands, nous ne nous sentons pas concernés par la Suisse. Pour nous, la Suisse, ce sont les Suisses-allemands. Nous ne faisons pas contre elle de ces colères tonitruantes dont vous êtes coutumiers parce que nous n'en voyons pas le motif.»
Tout ce que je t'ai écrit semble réfuter pareille affirmation. Je n'ai pas considéré la Suisse-romande comme une entité autonome qui se distinguerait de la Suisse par des caractères communs à ses six cantons, je ne l'ai pas décrite comme une province française de nationalité Suisse. J'ai aussi laissé entendre que la France et Paris n'étaient pas pour les romands le phare que les français et les Suisses-allemands imaginent. C'est ainsi!
La Suisse-romande est un morceau du territoire Suisse, les Suisses-romands sont de vrais Suisses. Mais beaucoup d'entre eux considèrent que la vraie Suisse est la Suisse-allemande, et les vrais Suisses les Suisses-allemands. Ils savent qu'ils font partie de la Suisse. Mais ils pensent que la Suisse ne leur appartient pas. Peu d'entre eux s'identifient à elle. C'est pourquoi, même lorsqu'ils la critiquent, ils n'ont pas les mêmes raisons de se mettre en colère que les Suisses-allemands.
Ils se mettent en colère, mais, plus souvent, ils sont mélancoliques.

Yla Margrit von Dach

Ah! Qu'il faut boycotter cette culture! Oui!

Zur Feier: ein Fragezeichen

1. Extérieur extérieur

Un spectateur imaginaire
français
aux yeux d'une Suissesse exilée

Vu de l'extérieur, le «boycott culturel», cette bataille à laquelle appellent des Suisses contre des Suisses, des «producteurs culturels» contre «l'état pourri et policier», les «cultu-rocrates» contre les «bureaucrates», vu de loin dis-je, cette bataille commémorative du septcentenaire de la Confédération Helvétique ressemble fort à une tempête dans un verre d'eau.

Insolence!
Qui ose . . . ?
Du calme!

Je suis en train d'imaginer une réaction typiquement française au phénomène susnommé – dont on ignore ici jusqu'à l'existence cependant, et pis que cela: qui reste parfaitement obscur aux yeux de ceux-là même de parmi mes amis français – hommes et femmes confondus et non dépourvus de culture – auxquels j'ai essayé d'expliquer la chose.

C'est tout juste si l'on n'a pas prononcé le soupçon ironique que ce sujet périlleux ne manque pas de réveiller ici: «Boycott culturel? Mais: la Suisse a-t-elle seulement une culture susceptible d'être boycottée?»

Méchanceté! Méconnaissance!
C'est méchant, j'admets. Et méconnaissant, j'admets, imbibé de cette arrogance polémique chère aux cœurs de nos voisins chez qui je me plais à vivre pourtant – chez qui je me plais à vivre justement, qui sait, à cause de ce côté irrévérencieux qui les caractérise!
Non pas que je prendrais plaisir à voir la pauvre Suisse subir des coups que les Français aiment à distribuer du haut d'un mépris ignorant souvent, mais ce trait de caractère – ambigu comme tout défaut et toute qualité – ne s'applique nullement à la Suisse comme cible exclusivement. Rien n'y échappe, que ce soit français ou pas, culturel, politique, tragique, dramatique ... même pas le sacro-saint symbole de la nation qu'est le président, et ceci malgré une fierté nationale franchement intacte par ailleurs.

C'est ce trait de caractère qui rend les Français ingouvernables, en quelque sorte, mais: cette irrévérence latente, prête à surgir à tout moment, leur garantit d'autre part une liberté de mouvement, une vivacité là où d'autres se figent dans une bonne foi que leur sérieux risque de transformer en une prison où les guette l'immobilité de la mort!
Je n'exagère qu'à peine: en passant la frontière avec ce regard d'étrangère acquis par un séjour prolongé à l'étranger, je leur trouve un air étrange, à mes compatriotes rencontrés dans les rues, les trains, les trams et les autobus (en Suisse alémanique surtout), un air – comment le nommer? – fermé, renfrogné, pénétré, oui, de ce sérieux, précisément,

de cette «inclinaison-à-prendre-au-sérieux» (à prendre tout au sérieux et à *se* prendre au sérieux surtout) qui semble être leur trait de caractère dominant. Un air de certitudes entérinées sous lesquelles les vivants sont enterrés. Redoutable!

Mais: formidable pour la discipline, ça oui! Quelle société bien portante, aux rouages bien huilées. On respecte les feux rouges. Au besoin, on les fait respecter. Gare au contrevenant! Si ce n'est pas la voiture qui l'écrase, ce sont les membres de la société assemblés qui se chargeront de l'écraser.

L'image est apte à être transposée.

A Paris, certes, on déplore le manque de discipline, que ce soit sur ce plan de circulation tout terre à terre ou sur un autre, et la société toute entière en accuse le coup – pour ce qui est d'un certain confort matériel en tout cas.

Mais: fi au confort matériel si c'est au prix de se faire tenir en lisières!

Voilà qui semble être l'accord tacite réunissant les Français – une sorte de basse continue règlant le jeu de leur société. Une harmonie qui se fait plutôt discordante avec celle sur laquelle se sont accordés les voisins helvétiques, il est vrai... ce qui explique peut-être les quelques notes piquantes par lesquelles a débuté ce menuet!

Et moi là-dedans, Helvète exilée?

Oh mes amis, je vous avoue: j'aime danser!

Et le «boycott culturel» abordé, raillé puis oublié?

Je fais un petit tour et j'y reviens. Attendez.

2. Extérieur intérieur

Un spectacle
en forme de tableau rêvé
par la même Suissesse exilée

Entrez. Regardez. Imaginez: ce tableau.

Au loin une silhouette verdoyante, brumeuse légèrement, aux contours de la Suisse: un champ de bataille, à n'en pas douter. Aucun éclat de hallebardes cependant. Que du papier, des mots, des feuillets, noirs de sournois dégats. Une atmosphère de guerre qui tient d'un invisible lourdement présent.
Au premier plan: un alpage, comment dire . . . , un curieux lopin haut perché d'un air – mais vraiment! – incroyablement parisien, et là, un loufoque personnage au milieu encore d'un tas de papier. Sur les feuilles, parmi les arabesques d'une illisible écriture, l'œil impassible d'une image de Helvétia. Le regard du personnage se porte au loin. Il guette l'embrasement du ciel ou l'inaudible chant de quelqu'oiseau, qui sait. Ce qui est sûr: c'est l'aire d'un écrivain.

Vous avez vu?
J'avoue, j'en ai le souffle coupé.

Le personnage au premier plan a tout à fait l'air de me ressembler!

3. Intérieur extérieur

Tout à l'intérieur
le spectateur qui est
extérieur à tout

Si j'écoute ma voix plus silencieusement, si j'essaye de suivre ma propre voie, intimement, ce n'est ni devant ce tableau, ni dans le théâtre mondain d'une quelconque polémique que je me sens appelée, mais dans un endroit solitaire où la perception des choses se fait dans une perspective différente échappant aux nationalités ou les réunissant peut-être, un lieu en tout cas qui ne se trouve nulle part – sinon à l'intérieur de l'intérieur de moi.
Intérieur extérieur:
Extérieur aux querelles extérieures.
Extérieur aux tableaux-images-des-tourments-intérieurs: extérieur à l'extérieur intérieur.

C'est ici, ma position.
C'est ici, mon centre de projection.
C'est d'ici que je regarde.

Et dans cette perspective, tout ce complexe qui peut être résumé sous la dénomination «septcentenaire suisse et boycott culturel», apparaît aussi grave que ridicule (en ce qui concerne l'ensemble), aussi plein de bonne volonté que plein d'inconscience (en ce qui concerne l'action des milieux culturels en particulier) – et de surcroît tellement suisse, tellement suisse!
Si l'on peut dire d'une manière générale que deux adversaires se correspondent parfaitement tout en s'opposant l'un à l'autre, nos adversaires confédérés ont un lien supplé-

mentaire qui les unit plus étroitement encore au regard extérieur: tel un œuf à l'autre, tous deux ressemblent-ils à des Suisses!
J'y reviendrai.

Un coup d'œil rapide encore au tableau, à cette vision d'un alpage parisien devant le champ de bataille helvétique en abîme au lointain: il n'y a plus rien là ou se tenait l'écrivain. Elle s'est laissée engloutir, dirais-je, par le petit mot de «vain» ...

4. Intérieur intérieur

Je m'explique:
Je suis impliquée même en me positionnant à l'extérieur.

Faisant partie de ceux et de celles qui sont dotés d'un contrat et ainsi stigmatisés, les appels au combat ne m'ont pas échappés. J'ai écouté, j'ai regardé.
Je ne me suis pas sentie appelée.
Et pourtant si: Interpellée!
Interrompue donc, arrêtée. Sommée de répondre, de m'expliquer.

Les explications, quoi qu'on puisse en penser par la suite, se passent entre soi-même et soi-même tout d'abord. C'est là que les choses ont besoin d'être mises au point – à l'intérieur – avant d'être ex-posées à l'extérieur.

Voilà: ceci en guise de lanterne censée éclairer quelque peu les propos tenus jusqu'ici et ce qui suit ...

5. Vue du Gouffre, Vue des Alpes

Revenons, comme promis, au phénomène visé par ces reflexions, au «boycott culturel» donc, et ce qui l'a suscité.
La chose est grave, disais-je. Oui.
Pour ceux qui ont cru en l'image d'une Suisse vraiment au-dessus de tels soupçons, la découverte des fichiers, la révélation d'un état à ce point «fouineur» et policier est un vrai tremblement de terre. Une crevasse mortelle s'est ouverte devant les bien-pensants. Le gouffre!
On comprend la frayeur qui les saisit. Comment ne pas respecter l'angoisse mortelle de tout un chacun, même si le phénomène qui la déclenche n'est pas le même pour chacun!
Il n'en demeure pas moins que l'émotion manifestée par les milieux culturels apparaît, par un certain côté, ridicule.
Comment!
Ridicule?

Mais comment imaginer, en effet, que sous le crâne des Suisses, le mental humain serait incapable de générer les mêmes obsessions, les mêmes horreurs que le mental humain dans les têtes de toute autre nation, et de toute «couleur» . . . ?
Comment se bercer encore et encore de ce genre de pieuses illusions?
Ne vivons-nous pas une époque, justement, où les événements ne cessent d'apprendre à qui veut bien voir qu'aucune nation, aucun système politique, philosophique ou religieux, qu'aucune société actuelle n'est à l'abri du *pire*?
Que ceux qui n'ont aucune prétention puissent être dupes, passe encore.
Mais ceux qui se sentent la vocation culturelle, ceux qui font partie des fameux «créateurs culturels»?

Sont-ils bien-pensants ou bien ... de vrais penseurs?
Ont-ils pu croire malgré tout, et contre toute vraisemblance, qu'en tant que Suisses, ils appartenaient à un petit groupe d'humains préservés?
Préservés du possible dérapage, préservés des excroissances monstrueuses qui partout sur la planète semblent être l'apanage désastreux de la race humaine tout court?
Comment s'expliquer leur réaction, autrement?
Mais alors quel orgueil, quelle hypocrisie que de ne craindre «tout cela» qu'ailleurs: chez les autres!
Quel aveuglement ridicule pour qui se réclame d'une conscience plus aiguisée, quelle fabuleuse paire d'œillères qui flanquent ce regard «culturel»!
Qu'elles tombent, et c'est tant mieux.

Ce qui se passe n'en est pas moins scandaleux, il est vrai. Mais celui qui a perdu ces/ses illusions avant que l'heure sonne en Suisse, ne saurait en être ébranlé outre mesure. Il n'y a pas pour celui-là, celle-là, de crevasse qui s'ouvre, pas de monde qui s'écroule: le monde, celui-là, s'est écroulé il y a bien longtemps déjà et l'on vit avec la conscience du gouffre qui menace partout – en prenant bien garde de ne pas s'y engouffrer à son tour!
Comment ne pas s'y engouffrer?
En se tenant à distance ...
Se tenir à distance, cela veut dire: se tenir soi-même. Garder la tête froide, ne pas céder à la panique qui pousse à la précipitation – car céder à la panique revient à capituler devant les monstres et les monstruosités ;
se tenir à distance, cela veut dire: s'indigner sans se laisser emporter par son indignation, car en se laissant emporter par son indignation, on se mimétise aux monstres et aux monstruosités.

Les «monstres» de l'état policier (les dénicheurs, les fouineurs, les ficheurs-administrateurs . . .), ne sont-ils pas précisément laissés emporter par leur indignation vis-à-vis d'un quelconque élément de leur monde (là, en l'occurence, où ils voyaient rouge . . .) – au point d'en être défigurés, déshonorés et tombés au plus bas?

Pourquoi ne pas s'en servir, des «monstres», justement, qui *montrent* si bien ce qu'il ne faut *pas* faire . . .
Mais voilà qu'on arrive à ce que j'ai appelé l'inconscience dans la bonne volonté qui soustend la conscience des adhérents au «boycott culturel»: pris par le feu de l'action, ils semblent ne pas voir à quel point ils sont près de, et prêts à faire – la même chose tout simplement que l'ennemi déclaré. Car la fermeture totale qu'implique ce concept de boycottage, ce clivage tranchant entre les milieux culturels et l'«état fouineur» ennemi (c'est quoi, l'état?), cette division du monde en une partie blanche et une partie noire qu'il s'agirait de boycotter, de refuser, voire d'exterminer . . . – ce sont des concepts issus de la même souche mentale, exactement, chez les deux adversaires impliqués:
c'est faire la même chose tout simplement en directions opposées.

Jeu de miroirs . . .

On va me dire que j'y vais fort, que personne n'a encore entendu parler de fichiers du côté des milieux culturels, et qu'on est loin ici de la folie policière appliquée ces dernières années à faire le tri dans le pays entre bons et mauvais.
Soit!
Mais ceux qui travaillent dans le domaine culturel, ne leur attribuerait-on pas – ne serait-on pas même en droit de leur

demander – la capacité de voir au-delà de la surface des choses, de percevoir justement l'essentiel?
L'intelligence, ne devrait-elle pas, en l'occurrence, discerner chez les frères adversaires le fond commun d'une pensée prisonnière de la même dualité?

Mais cette pensée captive du jeu des éternels opposés étant le fond commun des adversaires de tous azimuts et de tous couleurs, on ne saurait s'étonner qu'en Suisse on ne fasse guère exception à la règle.
Il n'y a pas lieu non plus de trop s'en indigner: ce qui signifierait qu'on aimerait encore être mieux que tout le monde, plus propre, plus parfait . . .
Mais il n'est certainement pas sans intérêt de constater les faits.
Et j'en viens maintenant, enfin, à l'aspect suisse, tout particulièrement. Car il faut bien tout de même, qu'il reste à un peuple quelque particularité, n'est-ce-pas! Tous dans le même sac, c'est insoutenable, injuste, parfaitement, malgré les liberté-égalité-fraternité colportés par ailleurs . . .

Quoi donc, qu'est-ce qui me semble unir d'un lien supplémentaire et particulier mes chers compatriotes ennemis?
Quelle est cette ressemblance en laquelle se reconnaît le Suisse, vu de l'extérieur?
Elle est dans les yeux, aux commissures des lèvres, là ou s'inscrit le sérieux acharné, la manie de faire les choses à fond, là ou se meurt l'étincelle d'un sourire qui se permettrait encore et malgré et contre tout un zeste d'ironie ou de dérision; elle est calquée sur la gravité de leurs fronts de grands croyants en leur vue du monde.
Ce n'est point une vue du monde: c'est LE monde à n'en pas douter.

Quel monde!
Ah! non pas que je m'en moquerais, parce qu'il est petit. Qui n'a pas un petit monde? En fin de compte, en fin de conte ...
Non pas que je ne verrais quelque qualité en cette précieuse enceinte des alpes.
Non pas qu'ailleurs, le monde soit mieux.

Mais bon Dieu: pourquoi ne pas prendre un peu de hauteur dans ce pays aux fondements matériels si confortablement consolidés?
On pourrait se mettre sur les pointes des pieds, ou mieux encore escalader un des pics enneigés dont l'horizon helvétique se pare comme d'un signe d'une autre noblesse.
Les alpes vénérés!
Ne seraient-ils là que pour enfermer, que pour protéger de tout dehors?

On voit plus loin, d'en haut. C'est connu.
On voit les deux côtés, l'entourage si le pic est bien placé – ou l'hôtel qu'on appellerait Vue des Alpes.
On peut voir loin, par un beau jour ...

Vous y conviendrez: ce que l'on voit, actuellement, n'est pas beau.
Je ne parle pas du paysage, du moins pas du paysage comme conception touristique uniquement.
Visons plus haut, visons plus loin: considérons l'état de la terre par exemple, globalement. Terre, air et eau. Et que de feux qui brûlent, dévastateurs!
Feux de pollution, feux de guerre.
Très rares les feux de joie. En plus, on n'en parle pas.

Et voyez ces pays, là-bas. A l'orient, l'extrême-orient, au sud, au nord, à l'est et à l'ouest.
Que de bouleversements chargés despoir et qui transforment la face du monde – mais que de faits également désespérément noirs. Des constats d'échec qui s'imposent partout.
Même ici, tout près – qu'on ne s'y trompe pas à force de porter son regard au loin.
Pour ne fixer qu'un point dans le paysage social qui en comporte d'innombrables: voyez-vous, ici et là, les bannières à la croix gammée?
On se plairait à croire que c'est du passé – mais voilà que le phénomène ressurgissant semble bel et bien démentir tout effet dissuasif de l'expérience faite de l'horreur.

Et voilà que s'aperçoit un paysage intérieur . . .
un état intérieur humain, plus précisément, qui semble persister tel quel malgré toute démonstration (par l'expérience elle-même tout d'abord), malgré toute réflexion faites (par le miroir des médias et de l'expression culturelle ensuite) –
un état (état!) qui inlassablement varie et répète le même schéma engendreur des mêmes horreurs.
C'est à se demander si, à l'horizon, ne se dessine pas un constat terrible d'échec culturel . . .
C'est à se demander: pourquoi tout ça?
C'est à se méfier aussi de toute réponse!
Car voilà, si l'on regarde encore:
que de gens gentils qui peuplent la terre,
que de gens de bonne volonté qui ne veulent que le bien!
N'est-ce pas une majorité?
Chacun son bien, remarquera-t-on en y regardant de plus près.
Chacun le sien – qu'il cherche pour lui ainsi que pour les

autres du fond de son cœur convaincu du bien fondé de sa cause . . .
qu'il défendra contre tout ce qui s'y oppose et qui ne peut être que: mal.

Savez-vous ce que je vois maintenant?
Un paysage constellé de moulins-à-vent!
A croire que je rêve!
En plus – serait-ce le vent que j'entends ou bien les voix d'un fantomatique cortège, d'une manifestation?
On scande! Ecoutez:
Boycott culturel: OUI!
Non à cette culture qui n'est que dévastation!
OUI: Non à cet aveuglement qui s'appelle culture, ou civilisation!
OUI: Non à cette folie planétaire qui ne sème que la mort!
OUI: Non à cet état-là!

Vous avez entendu?
Etait-ce des revenants, pour rester ainsi invisibles à nos yeux?
Ou était-ce autre chose? Un appel surgi de nous-mêmes?
Aurais-je été seule, emportée par un rêve singulier?
Mais: nous rêvons tous – ne l'a-t-on pas dit et répété?
Il serait certainement temps de se réveiller!

Où situer alors le boycott culturel Swiss made, et où se situer soi-même, vu tout cela?
A chacun de voir!
Quant à moi, je ne trouve ma patrie ni dans l'un ni dans l'autre camp des guerroyants – qu'ils soient hélvètes ou autres.
Mais y a-t-il autre chose?

Serait-il possible de trouver position justifiable ailleurs?
A chacun de trouver!
Vous permettez: je n'ai pas, à ce sujet, d'opinion à promulguer, ni de solution miracle à proposer.
De quel droit le ferais-je?
Il me semble devoir assumer seule les démarches qui correspondent à ma subjectivité.

Ces quelques réflexions cependant soient adressées à tous: aux ennemis, aux amis, aux inconnus . . .
comme un POINT D'INTERROGATION que je me devais de leur présenter.

Et si j'avais tout de même quelque chose à proposer? Si j'osais . . .

Ce serait peut-être un badge approprié pour les fêtes, le jubilé controversé?
Regardez:

Qui n'est pas en droit, qui n'est pas *obligé* de se questionner? Qui peut être sûr que la question posée, la question qu'il se pose, est vraiment la question à (se) poser?
Un badge pour tous!
Einer für alle!
Vous imaginez: le premier août 1991 la Suisse, les Suisses et Suissesses ainsi pavoisés!

????????
????????
????????
????????????????????????
????????????????????????
????????????????????????
????????
????????
????????

PS.:
Tout ceci, on s'en étonnera peut-être, a été écrit en français par un auteur de langue allemande, originairement. Comment? Qu'est-ce qui l'a prise, cette compatriote ainsi doublement exilée? C'est un air de légèreté qui l'a prise et cet air a soufflé en français!

Epilog

Den Freunden, den Angehörigen meiner Muttersprache, denen ich mit diesem Sprachwechsel dem Anschein nach untreu geworden bin, gestatte ich mir voller Zuneigung noch eine weitere französische Frage zu stellen:

Faut-il se fier aux apparences?
und auch diese bleibt – wie der Rest – hier leider unübersetzt. Und ich sage Euch allen, ihr Lieben: es hat dies weder mit Faulheit noch mit Feindlichkeit noch mit schlechtem Willen zu tun, sondern mit etwas, das sich mir als Notwendigkeit aufdrängte, ob es mir oder irgendwem nun paßt oder nicht: die Distanz, die ich als lebenswichtig erfahre, dieser Freiraum eines von herrschenden Ansichten unverbauten Geländes ist mir im Augenblick und in diesem Fall nur im Französischen offengestanden.
Im Deutschen, so muß ich gestehen, war mir der Zugang zu diesem Gelände verbarrikadiert. Der Kulturboykott, wahrhaftig, hat da in mir selbst, ganz innen, schmerzlich stattgefunden!
So radikal hat auf mich der seit je deutschsprachig erfahrene Meinungsdruck gewirkt – er hat mir schlechtweg die Sprache erdrückt. Den Ausdruck meiner eigen-artigen Gegenläufigkeit ...

Von wo der Druck auch zu kommen pflegt, ob von polizeistaatlicher, spießbürgerlicher oder kulturschaffender Seite: die eidgenössische Gründlichkeit macht ihn, so will mir scheinen, in jedem Fall zum echt schweizerischen Qualitätsprodukt!
Nun ja, vielleicht bin ich auch nichts als ein besonders schwacher, anfälliger, hinfälliger Mensch.
Aber wer läßt sich schon gerne erdrücken?
Auch der Schwächste nicht!
Gottlob, sage ich deshalb – mit Verlaub: Gottlob kann ich – können wir alle – ein bißchen Französisch!

(Eine andere Fremdsprache könnte unter Umständen natürlich genau dieselbe Rolle spielen, wie überhaupt schon dieses leichte Ver-rückt-sein auf das/dem Gebiet fremder Verhaltens- und Gedankenmuster eine erlösende Wirkung haben kann – Zusammenhänge, denen ich hier indessen nicht ausführlicher nachgehen will.)

Was meinen Beitrag zur Siebenhundertjahrfeier betrifft, so bleibt mir dazu noch eine Bemerkung zu machen: So wie er geplant war, gibt es diesen Beitrag nicht. Mein Projekt ist in den inneren und äußeren Wellen untergegangen, die der Kulturboykott geschlagen hat. Statt dessen habe ich dieses Faszikel aus den aufgewühlten Wassern gefischt, eine Art Amphibium! Das soll nun mein Beitrag zum Kulturboykott UND zur eidgenössischen Feier sein.
Einer für alle – wie gesagt: Beitrag und Badge!

Alice Ceresa

An Weiblichem hat die Schweiz nur den Namen

Schweiz (die). Seit den ersten Anfängen ihrer Geschichte glaubte man, daß die Schweiz in ihrer steinigen Alpenfestung im Herzen Europas ein bloß begriffliches und/oder organisatorisches Faktum sei. In der Tat schien das Land mit seiner ethnischen, sprachlichen und religiösen Vielfalt recht ungeeignet, als nationale Einheit aufzutreten. Bekanntlich zeichnet sich ja ein nationales Gefüge im allgemeinen aus durch Einheitlichkeit von Sprache, Kultur, vorherrschenden Sitten und Gebräuchen sowie körperlicher Merkmale ihrer Bewohner, lauter Elemente, die ihrerseits dem Zusammenhalt und der allgemeinen Zufriedenheit der Bevölkerung förderlich sind. Demzufolge war man lange Zeit geneigt, dieser in ihrer Vielfältigkeit recht eigentlich einmaligen schweizerischen Einheit vorwiegend praktisch-ideologische bzw. ideologisch-praktische und somit rein künstliche Motive zuzuerkennen, während ihr gerade jene hehren und edlen Regungen abgesprochen wurden, von welchen diejenigen Völkerschaften beseelt zu sein scheinen, die sich aufgrund der Einheitlichkeit von Sprache, Kultur und äußerlicher Erscheinung der Einheimischen innerhalb vermeintlich naturbedingter Grenzen zusammengeschlossen haben. Nun beginnt sich folgende Erkenntnis abzuzeichnen: Möglicherweise ist es die gebirgige Beschaffenheit des Landes selbst, die, obwohl geologischen und damit rein zufälligen

Ursprungs, zum ureigensten Kennzeichen dieser Menschen geworden sein könnte, als habe sich der steinige Charakter der berglerischen Gründer des schweizerischen Zusammenhalts talabwärts bis in die Ebenen ausgebreitet. In der Tat zeichnen sich alle Bewohner der Schweiz, ungeachtet ihrer sprachlichen und ethnischen Zugehörigkeit, durch eine gewisse vorkulturelle, unbedenkliche innere Steinhaftigkeit aus, deren natürliche Homogenität dazu führt, daß die Unterschiedlichkeit der gesprochenen Idiome, der geistigen Gepflogenheiten, der physischen Merkmale wie vorherrschende Augen- und Haarfarbe, der nordische bzw. lateinische Körperbau und andere mehr, als bloße Lappalien erscheinen. Daraus geht hervor, daß die seit Jahrhunderten landläufige Meinung, nach der die Vaterlandsliebe der Einheimischen übertrieben sei, weil auf nichts anderem beruhend als auf opportunistischen Überlegungen, neu überdacht zu werden verdient. In Wirklichkeit ist diese Vaterlandsliebe in ihren beiden Erscheinungsformen, sowohl der von den einen zur Schau getragenen übermäßigen Verherrlichung der schweizerischen Zugehörigkeit als auch der von den andern geübten unverhältnismäßigen Schmähung und Verleumdung derselbigen (wobei beide Extreme in einer kaum anderswo auf der Welt zu findenden berglerischen Eingleisigkeit und zwanghaften Beharrlichkeit auftreten), der eigentliche Stoff, aus dem diese Einheimischen nolens volens gemacht sind.

Andrerseits scheint der Einsatz ungeheurer Kräfte nötig gewesen zu sein, um die friedliche Koexistenz von Elementen zu sichern, die in diesem Lande als bloß oberflächlich einzustufen sind, wie Sprachen, Sitten und Gebräuche und die äußere Erscheinung (der Menschen), welche wie erwähnt infolge der unterschiedlichen Herkunft der einzelnen Stämme der Einheitlichkeit entbehren, während andernorts die Menschen pauschal um solche eigentlich banale Zwangsvorstellungen herum vereinigt worden sind. Die besagte Kraftanstrengung hinderte die schweizerische Nation offenbar daran, sich mit einem anderweitigen Unterschied zwischen den Einheimischen zu befassen, der wohl im Hinblick auf das patriotische Überleben von geringerer Bedeutung war.

Wie anderswo auf der Welt bestehen auch hier die Einheimischen aus Männern und Frauen, dies ist beim Wandern über Berg und Tal ohne weiteres ersichtlich, nicht so im Bereich der Führung der öffentlichen sowie privaten Angelegenheiten. In der Tat ist die Schweiz eine rabiat männliche Nation mit einer patriarchalischen Ordnung und einer strikten Trennung der Geschlechter. Dieser Tatbestand dürfte auf die kriegerischen Anfänge ihrer Geschichte zurückgehen und hat sich bis in die Gegenwart erhalten. Heute noch findet sie zum Beispiel Ausdruck in der rigorosen Zelebrierung des Kults der Männerbünde, die besonders pittoresk wirkt, wenn es um die alljährliche Abhaltung ritueller Kriegsspiele geht. Die Bürger des Landes sind fast vollzählig und lebenslänglich dazu verpflichtet, in regelmäßigen Zeitabständen in Schieß-, Kriech- und Panzerausrüstung muntere Streifzüge durch das ganze Land zu unternehmen, zur Freude der Frauen, Greise und Kinder. Mit ebensolchem Einsatz wurde von der männlichen Bevölkerung des Landes das Stimmrecht verteidigt, wobei jedoch in Anbetracht der in den umliegenden Ländern sich abzeichnenden Entwicklung die Aufrechterhaltung eines geschlechtsspezifischen Vorrechts jedes vertretbare Maß überstieg. Gegen harte Widerstände mußte unter dem Druck des heranschnaubenden europäischen Zuges, der zu einer allgemeinen Angleichung der Menschenrechte führte, ein Gebiet nach dem andern nachgeben. Bis Ende 1990 hat sich in einer finsteren

Ecke des Landes ein Bollwerk stolzer, unbeugsamer Mannhaftigkeit erhalten als vielleicht unvergängliches Denkmal der ureigensten richtungweisenden helvetischen Grundwerte. Da bei der weiblichen Bevölkerung der Schweiz jedoch keinerlei Spuren spezifischer angeborener Defizienz nachzuweisen sind, welche die anhaltende und immer wieder bekräftigte Bevormundung rechtfertigen könnte, welcher die männliche Bevölkerung nicht ohne lebhafte und offensichtliche Genugtuung die Frauen unterstellt, liegt die Schlußfolgerung nahe, daß die bis heute auf politischem, administrativem und sozialem Gebiet überlebende Verherrlichung und sorgfältige Pflege der Differenzierung nach biologischen, lies geschlechtlichen Merkmalen, eine direkte Bestätigung der anfänglich genannten Steinzeitlichkeit der schweizerischen Natur darstellt.
An Weiblichem hat die Schweiz nur den Namen.

Aus: «Kleines Wörterbuch der weiblichen Ungleichheit»

Ursicin G.G. Derungs

Wilhelm Tell: «Ich bin ein Ausländer!»

Ein Hörspiel

Personen:
Wilhelm Tell
zwei ausländische Journalisten
zwei Auslandschweizer
Schülerstimmen
Angestellter des Schweizerischen Generalkonsulats
(=Konsulatsangestellter)

NB: 1. Außer Wilhelm Tell können alle Personen auch als Frauen gedacht werden.
2. Die Schülerstimmen sind fast durchwegs authentisch in dem Sinn, daß sie tatsächlich so geäußert wurden.

Tell (sitzt in seiner traditionellen Kleidung breitspurig da: kurze Hose; Kapuzenhemd, das bis zu den Hüften reicht und mit einem Strick gegurtet ist; offene Sandalen mit Lederriemen um die Waden. Die Armbrust fehlt nicht, auch nicht zwei Pfeile. Im Mund einen Grashalm, den er bedächtig kaut und von Zeit zu Zeit in den andern Mundwinkel schiebt. Neben der Armbrust ein kleiner köcherartiger Behälter mit Grashalmen, seine Tagesration).

Erster Auslandschweizer: Herr Wilhelm Tell, warum haben Sie zu diesem Gepräch zwei Pfeile mitgenommen?

Tell (spuckt auf den Boden und fährt mit dem Handrücken über Mund und Schnurrbart): Eine alte Frage. Sie wurde angeblich schon vor 700 Jahren gestellt. Ich habe es satt, auf solche Fragen einzugehen.

Erster Auslandschweizer: Dennoch möchten wir die Frage wiederholen: Warum die zwei Pfeile?

Tell: Das ist so eine Gewohnheit von mir, 700 Jahre alt. Wenn Sie freundlich sind, werde ich Ihnen einen schenken, eine Ehrengabe – wie damals.

Erster Auslandschweizer: Das verstehen wir nicht.

Tell: Macht nichts. Das wurde schon immer mißverstanden.

Erster Journalist: Herr Tell! Wir müssen dieses Gespräch mit einer für Sie etwas befremdlichen Frage beginnen: Haben Sie denn eigentlich existiert?

Schülerstimme: Meno male che ci sei tu, Tell, altrimenti dietro ai 5 franchi chi ci stava? Una mucca forse? (Zum Glück gibt es dich, Tell, wer stünde sonst auf der Rückseite des Fünflibers? Etwa eine Kuh?)

Erster Journalist (nimmt den Faden wieder auf): Sie wissen, Herr Tell, es gibt Theorien, die Ihnen die Existenz absprechen, auch wenn man nur ungern auf den Tellenschuß verzichten möchte. Da wir nun das Privileg haben, Sie leibhaftig vor uns zu sehen, dürfen wir an dieser Frage nicht einfach vorbeigehen.

Tell: Von diesen Theorien sind mir einige zu Ohren gekommen. Aber wir Bergler pfeifen auf Theorien. Ich spiele natürlich gern mit dem Gedanken, daß ich existiere, das werden Sie wohl begreifen. Andererseits ist mir auch bewußt, daß meine Gestalt ohne meine eventuelle Nicht-Existenz kaum ein so großes Echo in der Geschichte gefunden hätte. Und so habe ich mich damit abgefunden, daß meine Existenz in Frage gestellt wird. Sonst würde nämlich etwas anderes in Frage gestellt werden. (Tell schiebt den Grashalm vom linken in den rechten Mundwinkel und fährt nachdenklich fort:) Für Nachkommen ganz allgemein wäre es oft besser, wenn ihre Vorfahren nicht existiert hätten. Für meine Nachkommen wäre es angenehmer, ich hätte existiert. Dann müßten sie sich mit mir nicht so arg abplagen. Wie auch immer, Hauptsache ist, daß der Apfelschuß gerettet wird.

Erster Journalist: Es ist nicht ganz leicht, Ihren Ausführungen zu folgen. Sie sagen beispielsweise, daß «etwas anderes» in Frage gestellt würde, falls man nicht an Ihrer Existenz zweifeln würde. Sie sagen auch, daß Ihre Nachkommen sich mit Ihnen weniger hätten abplagen müssen, wenn Sie existiert hätten? Was meinen Sie damit?

Tell: Für die Schweizer ist die Legende wichtiger als meine geschichtliche Existenz. Mit der Legende können sie machen, was sie wollen. Die würden noch staunen, wenn ich leibhaftig vor sie hintreten würde.

Zweiter Journalist: Warum tun Sie das denn nicht?

Tell: Habe keine Lust dazu. Zudem ist meine Zeit abgelaufen. Tell hat mit der Schweiz nichts mehr gemein.

Erster Journalist: Sie leben heute im Ausland. Warum?

Tell: Weil ich Ausländer bin.

Zweiter Journalist: Das verstehen wir nicht.

Tell: Ich kann es nicht deutlicher sagen: Ich bin Ausländer.

Zweiter Journalist: Das ist ja eine Tautologie.

Tell (mit verständnislosem Ausdruck): Jetzt verstehe ich Sie nicht.

Erster Journalist: Macht nichts. – «Einheimischer» oder «Ausländer»: diese Worte braucht man in bezug auf irgendein Land. – Sie sind doch Urner!

Tell: Ich bin ein Bergler aus Uri, stimmt. Und ich bin Ausländer.

Erster Journalist: Sie werden doch nicht ausgerechnet in diesem Jahr ihre Heimat verleugnen?

Tell: Ich habe nie geleugnet, daß ich Urner bin.

Erster Journalist: Sie geben sich also als Ausländer ...

Tell: ... Ich *bin* Ausländer.

Erster Journalist: Schon gut. – Aber wir können nicht umhin, Sie mit der Schweiz in Beziehung zu bringen. Sie haben angeblich eine Rolle bei der Gründung der Schweizerischen Eidgenossenschaft gespielt. Also können Sie sich die Hände nicht in Unschuld waschen, indem Sie sagen, Sie seien Ausländer.

Tell: Natürlich war ich dabei, nicht nur angeblich, wie Sie sagen, sondern wirklich. Sie wollen doch nicht den Apfelschuß in Frage stellen? Und wer hat diesen Meisterschuß abgegeben, wer? Das war eine ganz präzise Leistung, nicht nur eine «gewisse Rolle». So ein Pfeil mitten durch den Apfel, daß die beiden Hälften rechts und links vom Kopf auf den Boden fielen! – Solche Äpfel gibt es heute ja gar nicht mehr! So ein Urner Apfel hätte in die Schweizer Fahne gehört, nicht das Kreuz des Fähnleins von Schwyz! – Stellen Sie sich das Gelächter vor, wenn der Pfeil am Apfel vorbeigeflogen wäre! Meine Landsleute, wetterwendisch wie sie sind, hätten gelacht, sich um Gessler und seine Leute geschart, ihm zugejubelt, und das, was Ihr heute «Schweiz» nennt, wäre vor dem Ausland lächerlich dagestanden, bevor es überhaupt zu existieren angefangen hätte. Aber ich habe getroffen. Der Apfel fiel in zwei Hälften rechts und links herunter. Das hat den Österreichern Respekt abverlangt. Das war der entscheidende Augenblick.

Zweiter Journalist: Sie reden ja wie ein richtiger Schweizer! Nur weiter so!

Tell: Ich bin Ausländer.

Erster Journalist: Schon gut. – Aber es ist doch noch mehr passiert ...

Tell: Sie denken wohl an den Schwur der drei Herren auf der Rütliwiese?

Erster Journalist: Nein, wir denken an Ihren zweiten Schuß, wo es um mehr ging als um einen Apfel ...

Tell: Sie meinen vielleicht die Legende vom Tod Gesslers? Das war ein Unfall.

Zweiter Journalist: Sie nennen das einen Unfall? Haben Sie nicht Gessler erschossen, nachdem Sie selber zuvor verhaftet und von den österreichischen Schergen abgeführt wurden?

Tell: Stimmt nicht! Mir und den drei andern ging es darum, Herr im eigenen Land zu sein. Nach dem Apfelschuß schlossen wir uns zusammen. Gessler hat uns seine Achtung bezeugt, bat mich noch, ihm ein Stück weit das Ehrengeleit zu geben, zog dann weiter, verunfallte aber, wie gesagt, in der Hohlen Gasse. – Mich behandelte Gessler sozusagen wie ein Staatsoberhaupt ... (Tell nimmt den Grashalm in die Hand, spuckt wichtigtuerisch auf den Boden und fährt dann sorgfältig mit der Sandale darüber.)

Erster Auslandschweizer: Und der zweite Pfeil, den Sie bereitgestellt hatten, falls der Apfelschuß fehlgegangen wäre?

Tell: War als Ehrengabe für Gessler bestimmt, die er dankend annahm.

Erster Journalist: Sie hätten den Gessler also gar nicht erschossen?

Tell: Nein, ich habe ihn nicht erschossen. Die Schweizer Fahne ist nicht von Gesslers Blut rot.

Erster Journalist: Aber es wird überliefert, daß Gessler in der Hohlen Gasse sterbend gesagt haben soll: «Das war Tells Geschoß!»

Tell: Eine Verdrehung der Tatsachen. – Natürlich war es Tells Geschoß! Wie erwähnt eine Ehrengabe, sozusagen von Staatsmann zu Staatsmann. (Tell spuckt stolz auf den Boden, fährt bedächtig mit der Sandale darüber.)

Zweiter Auslandschweizer: Das ist ja eine ganz neue Geschichte, unglaublich; das steht in keinem Geschichtsbuch.

Tell: Weil die Geschichtsbücher eben gerne mit Legenden spielen.

Erster Journalist: Nehmen wir einmal an, es handle sich hier tatsächlich um Legenden. Aber immerhin existiert diese Legende. Irgendwie muß sie doch entstanden sein! Wie erklären Sie sich das?

Tell: Ganz einfach. Da die späteren Eidgenossen es doch noch für gut hielten, mit den Österreichern zu kämpfen und

Blut zu vergießen, meinten sie, sie stünden besser da, wenn die Bluttaufe ihrer Eidgenossenschaft in die Anfänge zurückversetzt und einem angeblichen Helden angedichtet würde. Und da ich ein fabelhafter Armbrustschütze bin und zudem die entscheidende Rolle bei der Gründung der Eidgenossenschaft spielte, mußte ich herhalten. Das eigentliche Opfer in dieser ganzen Geschichte bin ich, nicht etwa mein Freund selig, der arme Herr Gessler.

Zweiter Auslandschweizer: Gessler Ihr Freund? Und Sie das eigentliche Opfer? Das ist ja wirklich nicht zu glauben! Sie stellen die ganze Schweizer Geschichte auf den Kopf!

Tell: Wenn Sie meinen, ich hätte den Gessler erschossen, bringen Sie bitte Beweise!

Zweiter Auslandschweizer: Das können wir leider nicht.

Tell: Sehen Sie! Aber gerade das wäre entscheidend! – Ich wurde zur Legende, um ihre spätere, blutige Geschichte zu rechtfertigen.

Erster Journalist: Das Ausland gibt Ihnen insofern recht, als Ihr Name ausschließlich mit dem Apfelschuß in Verbindung gebracht wird, während kaum jemand etwas von Gessler weiß.

Tell: Sehen Sie! – (Schwärmend:) Ja, der Apfelschuß! – Aber solche Äpfel gibt es heute gar nicht mehr! – Ein Apfelschuß anstatt Blutvergießen!

Zweiter Journalist: Aber Ihr Sohn war immerhin tödlicher Gefahr ausgesetzt! Gerade hier im Ausland sieht man in dieser Szene etwas Grausames, Makabres ...

Schülerstimme: ... ein russisches Roulette.

Tell: Ich habe den Apfel getroffen! Mein Sohn wurde nicht geopfert. Hätte ich meinen Sohn getroffen, wären wir der Verachtung ausgesetzt gewesen. Die Österreicher hätten uns nie als Herren im eigenen Land anerkannt. Durch Blutvergießen hätten wir unsere Freiheit verwirkt.

Zweiter Journalist: Es will uns einfach nicht in den Kopf, daß die Schweiz das Ergebnis zweier Apfelhälften ist ...

Tell: Ist sie auch nicht. Wäre sie es doch gewesen!

Zweiter Journalist: Wir verstehen Sie nicht. Einmal sagen Sie, der Apfelschuß sei der eigentliche Beginn der Eidgenossenschaft, dann leugnen Sie es wieder.

Tell: Die drei Herren von Uri, Schwyz und Unterwalden meinten, es wäre noch ein Schwur nötig, eine Art Bündnis, um den fremden Herren Respekt zu gebieten. Nachdem mein Freund Gessler verunglückt war, mochte das nützlich sein. Man konnte ja nie wissen, wie seine Nachfolger gesinnt waren. Aber eigentlich wollten wir gar keine Eidgenossenschaft gründen. Schon der Name «Schweiz» ist verfehlt. Ich sehe nicht ein, weshalb gerade die Fötzel von Schwyz bei der Namengebung eine so große Rolle haben sollten. Schließlich haben wir Urner das Entscheidende getan ...

Zweiter Journalist (ironisch): ... mit dem Apfelschuß!

Tell: Eben! – Aber ich, und auch die drei Herren vom Rütlischwur, wir konnten nicht wissen, daß dabei die Schweiz herauskommt.

Erster Journalist: Wir verstehen Sie, Ihre Verlegenheit, in die Geschichte als Gründer von etwas einzugehen, das Sie gar nicht gegründet haben, auf alle Fälle nicht gründen wollten. Deshalb fühlen Sie sich als Ausländer?

Tell: Ich *bin* Ausländer.

Erster Journalist: Schon gut. Auch wir sind Ausländer und interessieren uns für die Schweiz.

Tell: Was interessiert Sie denn an der Schweiz?

Erster Journalist: Jetzt stellen Sie die Fragen? Schon recht. Wir können die Rollen ja auch einmal vertauschen. Uns interesssiert beispielsweise das föderalistische System, das gewisse politische Gruppen Italiens bewundern und für die Lösung der Spannungen zwischen dem Norden und dem Süden des Landes nachahmen möchten.

Zweiter Auslandschweizer (zitiert pathetisch): «Das Geheimnis des eidgenössischen Staatsgedankens ...»

Zweiter Journalist: Für mich hat die Schweiz nur ein Geheimnis: das Bankgeheimnis!

Tell (den Faden wiederaufnehmend): Sie möchten die Schweiz nachahmen? (Verächtlich:) Die Schweiz hat der Welt die Kuckucksuhr geschenkt ...

Zweiter Journalist: ... und die Armbrust!

Tell: War schon früher in Gebrauch. Eine Präzisionsarmbrust wie die meine allerdings nicht. Aber die späteren Eidgenossen haben diese ja gar nicht eingeführt. Sie kämpften mit recht primitiven Waffen.

Zweiter Journalist: Das hat sich inzwischen gründlich geändert. Schweizer Waffen sind in aller Welt gefragt. Kein Krieg in der Welt, ohne daß die Schweiz mit ihren Waffen daran beteiligt wäre, ohne sich selbst auch nur ein Haar zu krümmen.

Schülerstimme: La Svizzera vende armi a tutto il mondo per farli scannare ma lei non fà neppure una guerra picolissima. Con quei soldi construisce le banche. (Die Schweiz verkauft der ganzen Welt Waffen, damit die andern sich gegenseitig abschlachten. Sie selbst aber macht nicht einmal den kleinsten Krieg. Mit diesem Geld baut sie die Banken. – Aus dem Schüleraufsatzband «Io speriamo che me la cavo», Mondadori 1990.)

Zweiter Auslandschweizer (ungehalten:) Was Waffengeschäfte betrifft, hat Italien der Schweiz nichts vorzuwerfen!

Zweiter Journalist: Immerhin haben die Schweizer Steuerzahler im Zweiten Weltkrieg mit den eigenen Waffen gegen die Deutschen zugleich auch Waffen für die Deutschen finanziert. Das nur als Beispiel.

Auslandschweizer: Wir wußten das nicht.

Zweiter Journalist: Auch die Schweizer wußten es nicht, obwohl sie in einer Demokratie leben. Dabei steckten die Waffenfabrikanten gewaltige Gewinne ein. Die Neutralitätspolitik machte sich bezahlt, wenigstens für einzelne!

Schülerstimme: Mentre gli altri morivano, gli Svizzeri si arricchivano. (Während die anderen starben, bereicherten sich die Schweizer.)

(Inzwischen zünden sich einige Gesprächsteilnehmer die dritte Zigarette an. Tell greift in seinen kleinen Köcher nach dem zweiten Grashalm, den er lange hin und her dreht, prüft und dann in den Mund steckt. Die Gesprächsteilnehmer werden darauf aufmerksam und fragen belustigt:)

Sie kauen Grashalme?

Tell (auf die Zigaretten zeigend): Und Sie zünden solche Dinger an?

Erster Journalist: Wo holen Sie denn die Grashalme her?

Tell: Das ist der einzige Artikel, den ich aus der Schweiz importiere. Echte Urner Grashalme. Die süßesten und kräftigsten, die ich kenne. Darf ich anbieten? (Er reicht den kleinen Köcher herum, einige Teilnehmer bedienen sich zögernd.)

Erster Journalist: Köcher mit Grashalmen, Köcher mit Pfeilen, die auf Äpfel schießen: das sieht ja alles sehr friedlich aus! Das entspricht eigentlich dem Bild, das man allenthalben von der Schweiz hat: ein friedliches, geradezu idyllisches Land.

Zweiter Auslandschweizer: Mein Vaterland!

Schülerstimme: ... ma noiosa. (... aber langweilig.)

Zweiter Journalist: Und der Waffenexport? Ist ja nicht so harmlos wie der Export von Kaugrashalmen. Uns scheint es einen Widerspruch zu geben zwischen diesem friedlichen, idyllischen Land und der Bereicherung an den Kriegen der anderen.

Zweiter Auslandschweizer (wiederum ungehalten): Italien hat der Schweiz nichts vorzuwerfen.

Erster Journalist: Wir reden jetzt über die Schweiz, die friedliche Schweiz. (Zu Tell:) Deshalb verstehen wir nicht, Herr Tell, warum Sie Ausländer sein wollen, pardon, Ausländer sind. Kriegerisch war die Schweiz in ihren Anfängen, heute ist sie friedlich – wie Sie.

Tell: Friedlich waren die Anfänge! – Ich sagte doch: Ein Apfelschuß anstatt Blutvergießen! – Ja, friedlich waren die Anfänge – falls man die Schweiz überhaupt mit diesen Anfängen, mit dem Apfelschuß, in Verbindung setzen kann ...

Erster Journalist: Nehmen wir das einmal an ...

Tell: ... die Kriege kamen später ...

Erster Journalist: ... und die böse Legende von der Ermordung Gesslers ...

Tell: Als dann die Schweizer bei Marignano geschlagen wurden, zogen sie sich aus der Weltpolitik zurück ...

Zweiter Auslandschweizer: ... und lebten friedlich ...

Tell: ... und kämpften gegeneinander um den richtigen Glauben ...

Erster Journalist: Sie kennen sich in der Schweizer Geschichte ganz ordentlich aus.

Tell: Ein Hobby. Seit ich in Italien lebe. Die Italiener haben ja ein besonderes Gespür für Geschichte.

Zweiter Journalist: Danke für das Kompliment. – Und dann?

Zweiter Auslandschweizer: Dann lebten sie friedlich, endgültig ...

Tell: ... sie kämpften gegeneinander um die richtige Verfasssung ...

Zweiter Auslandschweizer (in überzeugtem Ton): ... dann aber ... endgültig ... in Frieden ...

Zweiter Journalist: ... und exportierten in Frieden Kriegsmaterial ...

Tell: Die Schweizer haben den Apfelschuß mißverstanden ...

Zweiter Journalist: ... und die zwei Pfeile ...

Tell: Eben. (Tell zieht einen Pfeil aus dem Köcher und hält ihn einem Journalisten entgegen:) Ich schenke diesen zweiten Pfeil der Presse, eine Ehrengabe! Einen solchen Pfeil erhielt bisher nur mein Freund, Herr Gessler selig.

Zweiter Journalist (während der erste den Pfeil dankend entgegennimmt): ... und die Neutralitätspolitik.

Zweiter Auslandschweizer: Die Schweiz ist neutral, da gibt es nichts zu deuteln. Und Geschäft ist Geschäft.

Zweiter Journalist: Aber jener Verkauf von Kriegsmaterial an Deutschland, finanziert durch Staatsanleihen, widersprach der Neutralitätspolitik ... Das nur als Beispiel.

Auslandschweizer: Davon wissen wir nichts.

Zweiter Journalist: Allerdings wissen Ihre Landsleute ...

Tell: ... ich bin Ausländer ...

Zweiter Journalist: ... auch nicht viel mehr von ihrer Heimat. Sie wissen vor allem, wie die andern sein sollten. Wenn wir in die Schweiz fahren, werden wir belehrt, wie man korrekt Auto und sauber Ski fährt. Die Schweizer sind eben Pädagogen. Sie zeigen uns, was Ordnung ist ...

Schülerstimme: ... La cittadella della perfezione ... (Die Hochburg der Vollkommenheit ...)

Zweiter Journalist: ... wie man die Geranien pflegt und ein Auto schön parkt. Alles tipptopp, piccobello und super.

Schülerstimme: Von Italien aus gesehen, erscheint die Schweiz angenehm sauber bis klinisch steril.

Zweiter Journalist: Allerdings müssen die Schweizer manchmal von so viel Vollkommenheit Urlaub nehmen ...

Schülerstimme: ... in Italien. Da werfen sie allen Dreck auf den Boden und fahren Auto wie die Wilden.

Zweiter Journalist: Sie werden ihrer Heimat überdrüssig und wissen nicht warum. Sie wissen nur, daß sie selber vollkommen sind.

Tell: Vollkommen war nur der Apfelschuß. Einmal etwas Vollkommenes im Leben einer Nation sollte genügen ...

Schülerstimme: Tell ist der einzige Held der Schweiz.

Tell: Ich fühle mich geehrt; aber ich bin Ausländer. Diesem Schüler offeriere ich Gratisunterricht im Armbrustschießen.

Erster Journalist: Dennoch scheint die Schweiz nicht auf Helden verzichten zu wollen.

Tell (besorgt bis unwillig): Was meinen Sie damit? Offensichtlich sind Sie besser informiert als ich.

Erster Journalist: Wir wissen nicht allzuviel. Früher war die Schweiz das Gastland für viele unserer Auswanderer. Dann wurden diese als «Bodensatz des Mittelmeers» – so nannte sie Ihre «Nationale Aktion», nicht wahr? – an der Grenze abgewiesen. Ein Blick auf die ausgetragenen Schuhe und das mit Schnüren notdürftig zusammengehaltene Gepäck genügte den Zollbeamten, um den Bodensatz des Mittelmeers von reichen St.-Moritz-Touristen und Bankklienten zu unterscheiden. Auf Verbitterung folgte Sarkasmus, dann Gleichgültigkeit oder Verachtung.

Schülerstimme: Il piccolo paese dai grandi pascoli. (Das kleine Land mit den großen Weiden.)

Zweiter Journalist: Die Schweiz wurde klein und zierlich wie ihre Chalets, ein Paradies zwar, aber langweilig. Gerade

groß und interessant genug für ihre Helden. Heute steht sie nicht in den Schlagzeilen italienischer Blätter. Sie ist eben nicht so wichtig, wie manche glauben möchten. Manchmal findet man einige Nachrichten, Kuriositäten, tief in den Zeitungen vergraben. Zum Beispiel von jenem Halbkanton, in dem die Frauen nicht stimmen dürfen. Wie heißt denn dieser Kanton? (Schweigen.)
Wie viele Kantone hat die Schweiz denn überhaupt?

Schülerstimme: Dreiunddreißig.

Andere Schülerstimme: Vier Sprachen und vier Kantone.

Zweiter Journalist: Uns scheinen diese Zahlen nicht zu stimmen; sie sind entweder zu hoch oder zu tief. Ist aber egal. Auf einen Kanton mehr oder weniger kommt es nicht an. – Oder man berichtet verwundert, daß es auch in der Schweiz Skandale gibt, und daß man nicht einfach darüber hinweggeht. Wie hieß doch jene Politikerin mit dem heißen Draht? (Schweigen.) Ist ja egal. Ausgerechnet die erste Frau in der Schweizer Regierung. Hierzulande käme man an kein Ende, wenn man jeden Mißbrauch des Amtstelefons durch einen Politiker ahnden wollte. Immerhin hält die Schweiz auch in dieser Hinsicht auf Sauberkeit. Alle Achtung, ehrlich! Allerdings soll die Frau glimpflich davongekommen sein, wie die Politiker überall.

Schülerstimme: Gli Svizzeri sono pignoli (kleinlich) ...

Andere Schülerstimme: ... noiosi (langweilig) ...

Noch eine Schülerstimme: ... chiusi (verschlossen) ...

Eine vierte Schülerstimme: ... troppo precisi (zu genau) ...

Die erste Schülerstimme: ... e troppo controllati. Trovo però che la Svizzera sia una buona produttrice di latte, cioccolato ed orologi. (Ich finde aber, daß die Schweiz ein guter Produzent von Milch, Schokolade und Uhren ist.)

Erster Journalist: Kommen wir nun doch zu den Helden der Schweiz.

Tell: Ja, mich interessiert, wer sich mit Tell messen möchte.

Schülerstimme: Tell ist der einzige Held der Schweiz.

Tell: Ich erneuere mein Angebot, diesem Schüler Gratisunterricht im Armbrustschießen zu geben. – Über die Helden der Schweiz berichten die Zeitungen nichts, weil es nichts zu berichten gibt.

Zweiter Journalist: Da sind wir anderer Meinung. Die Schweiz wird fast nur im Zusammenhang mit großen Namen erwähnt, falls nicht gerade der Schweizer Franken wieder in die Höhe steigt. Aber auch das hat mit den Helden der Schweiz etwas zu tun.

Tell: Das verstehe ich nicht.

Erster Journalist: Wann haben Sie denn das letzte Mal etwas über die Schweiz gelesen?

Tell: Lesen ist nicht meine Stärke.

Zweiter Journalist: Die Schweiz wurde unseres Wissens das letzte Mal im Zusammenhang mit dem Namen Ceausescu, vor einigen Jahren mit Marcos, erwähnt, auch andere Namen tauchen auf, alle etwas fremdländisch. Gegen diese Fremden gibt es offenbar keine nationale Aktion. Keine Überfremdungsangst.
Wer ist der nächste Diktator, der gestürzt werden muß, damit man dank seiner enormen Konten auf Schweizer Banken wieder etwas von der Schweiz hört?

Tell: Was den nächsten Diktator betrifft, kann ich ihre Frage nicht beantworten. Nicht jeder Schweizer weiß, wer solche Konten auf Schweizer Banken hat, auch wenn die Schweizer in einer Demokratie leben, und ich einen prominenten Namen trage. Zudem bin ich Ausländer. Überdies habe ich ja schon angedeutet: Wenn es nach uns Urnern gegangen wäre, wäre es wohl nicht soweit gekommen. Denn schließlich befinden sich die Schweizer Banken nicht in Altdorf, und die große Politik macht man nicht im Schächental.

Erster Journalist: Wir nehmen an, daß diese Namen die Helden der Schweiz bezeichnen.

Erster Auslandschweizer: Man nennt sie bei uns nicht Helden.

Erster Journalist: Aber irgendwie sind sie es doch. Was wäre die Schweiz ohne diese Namen?

Tell: Schweizerisch wäre es, mit einem einzigen Apfelschuß Geschichte zu machen und ein Held zu werden. Das gelang nur einem, und man hat es vergessen. Schlimmer: man hat aus dem früheren Helden einen Mörder gemacht ...

Zweiter Journalist (sarkastisch): ... und aus großformatigen Dieben Helden ...

Tell: ... obwohl er keiner ist. Nur mit einem Mord gewürzt scheint der Apfelschuß überhaupt erträglich zu sein. (Tell schiebt seinen Grashalm erregt in die andere Mundecke, nimmt ihn dann heraus und spuckt auf den Boden.)

Zweiter Auslandschweizer: In der Schweiz wird nicht gestohlen.

Zweiter Journalist: Nicht?

Zweiter Auslandschweizer: Es gibt keine Taschendiebe, die goldene Armbanduhr wird einem nicht weggerissen, Fahrräder kann man ruhig stehen lassen. Die Geranien blühen Tag und Nacht im Freien, ohne daß sie gestohlen werden. Die Kühe weiden den ganzen Sommer frei auf unseren herrlichen Alpen und kehren im Herbst vor Gesundheit strotzend zurück. Der Bauer kann ruhig schlafen. Niemand hat seinem Vieh ein Leid angetan. Der Bürger ist seines Geldes sicher. Die Banken schützen und mehren seine Ersparnisse. Alles funktioniert zum Besten aller. (Pathetisch:) Ein Paradies, mein Vaterland . . .

Schülerstimme: . . . das Rösti- und Heidiland!

Zweiter Journalist: Warum kehren Sie nicht ins Paradies zurück?

Auslandschweizer: (Betretenes Schweigen.)

Erster Journalist: Gestohlen wird jedenfalls nicht. Ich kann bestätigen, daß die Armbanduhr mir in der Schweiz nicht entwendet wurde. Ich kann auch bestätigen, daß Post und Bank tadellos funktionieren. Meine Korrespondenz bringe ich regelmäßig nach Chiasso und weiß, daß sie ankommen wird.

Zweiter Journalist: Aber machen Sie uns Ausländern doch nichts vor: Von all dem Geld auf Schweizer Banken ist vieles einfach Diebesgut. Pane al pane, e vino al vino. (Brot Brot und Wein Wein nennen.) Auch wenn sie Tag und Nacht arbeiten, können ein Marcos, ein Ceausescu und die anderen Helden der Schweiz nicht so viele Millionen verdienen.

Zweiter Auslandschweizer: Unter Diebstahl verstehe ich das vorher Erwähnte oder Ähnliches. Das andere ist Geschäft. Das ist nicht nur eine Frage der Terminologie.

Erster Journalist: Allerdings nicht. Deshalb kann man mit dem Wort «Geschäft» auch nicht einen Diebstahl abdecken.

Zweiter Auslandschweizer: Wir verstehen uns nicht. Sobald das Ganze ein gewisses Volumen annimmt, handelt es sich um Geschäfte. Allerdings muß es sich um ansehnliche Summen handeln. Ist der Unterschied klar?

Zweiter Journalist: Sonnenklar! Große Diebe, aber wirklich große, stehen sozusagen unter staatlichem Schutz?

Erster Auslandschweizer: Sie beleidigen mein Heimatland.

Zweiter Journalist: Das will ich nicht. Ich bitte um Entschuldigung, aber ich kann mich nicht besser ausdrücken. Es geschieht übrigens auch bei uns, daß kleine Diebe eingesteckt werden, während große unbehelligt ihren Geschäften nachgehen. Aber in der Schweiz scheint das Übel gewissermaßen eine offizielle Form zu haben, es ist eingeordnet und deshalb unsichtbar. Und da es unsichtbar ist, existiert es nicht, aber es ist doch da, durch Perfektion neutralisiert. Der Durchschnittsschweizer ärgert sich mehr über ein Stück Papier auf dem Trottoir als über die Geldwäscherei. Aber er ist nicht glücklich dabei, das Verborgene wird verdrängt und schlägt dumpf gegen die Betondecke der schweizerischen Stabilität. Man hört es und liest inzwischen liegengebliebenes Papier auf, um irgend etwas zu tun, das jenes Verdrängte beschwichtigen könnte. An sich eine durchaus lobenswerte Gewohnheit, das Auflesen von Papier. Die Sauberkeit und Ordnung der Schweiz sind beneidenswert, ihre Stabilität beispiellos, ehrlich.

Erster Auslandschweizer: Warum wandern Sie nicht in die Schweiz aus?

Schülerstimme: Mi ritengo fortunatissimo in quanto ho la

possibilità di vivere in Italia. L'Italia non è stabile, sicura e ricca. L'Italia vive! (Ich halte mich für sehr glücklich, da ich die Möglichkeit habe, in Italien zu leben. Italien ist nicht stabil, sicher und reich. Italien lebt!)

Erster Auslandschweizer: Ich werde in der Schweiz das Gefühl nicht los, registriert zu sein, so perfekt wie ein eingeschriebener Brief, dessen Weg zum Bestimmungsort genau vorgezeichnet ist. Da gibt es kein Abweichen.

Erster Journalist: Herr Tell, fühlen Sie sich auch registriert? Haben Sie in Bern nach Ihren Fichen gefragt?

Tell: Natürlich ist Tell erfaßt – in Form einer bösen Legende.

Erster Journalist: Ist es denn suspekt, auf Äpfel zu schießen?

Tell: Ja, wenn diese, sagen wir mal «diplomatische Übung» als Alternative zur kriegerischen Selbstbehauptung aufgefaßt wird, wie sie ja auch gemeint war. Ich bin als Held des Apfelschusses nicht bereit, *ihr* Held zu sein, der mit dem zweiten Pfeil auf Gessler schießt. Deshalb bin ich fichiert.

Erster Journalist: In Bern also eine Kartothek von Legenden und Anekdoten über «eingeschriebene Briefe», die nicht den vorgezeichneten Weg gehen wollten?

Tell: Was mich betrifft, ja! Mit der Legende zwingt man mich auf den vorgeschriebenen Weg. Meine Fiche steht in den Schulbüchern. Da ist weiter nichts herauszuholen. Ich bin positiv fichiert, als Beispiel helvetischer Kampfbereitschaft. Deswegen bin ich Ausländer.

Zweiter Journalist: Und was soll das alles? Die vollkommene Ordnung ist auch eine geschlossene Ordnung. Aber die Zukunft ist offen. Die Länder öffnen sich. Die Schweiz kann doch nicht wie ein erratischer Block inmitten einer unvermutet raschen politischen Entwicklung stehenbleiben!

Schülerstimme: ... il pianeta Svizzera ... (... der Planet Schweiz ...)

Zweiter Journalist: Die Schweiz ist kein Planet.

Stimme: «Mer bliebet bi eus, eus gohts jo guet!»

Erster Journalist: Zu Ihrer Zeit, Herr Tell, umfaßte das Römische Reich Deutscher Nation halb Europa. Was sie damals verlangten, war Achtung und Anerkennung eurer Eigenständigkeit. Und das haben Sie erreicht ...

Tell: ... mit dem Apfelschuß.

Erster Journalist: Wie Sie mehrmals in Erinnerung riefen. Der Eindruck, den wir heute haben, ist aber nicht nur Eigenständigkeit, sondern auch Isolierung. Die Schweiz erscheint uns egoistisch, vielleicht aus Ratlosigkeit, als könnte sie sich nicht zurechtfinden und den neuen Herausforderungen keine eigene Antwort geben. Sie erscheint als herrliche Zitadelle des Friedens und der Ordnung, aus lauter Verlegenheit mit sich selbst zufrieden und selbstgerecht. Mißtöne sind durch Kuhglockengebimmel überdeckt, dubiose Geschäfte von strahlenden Berghimmeln und blühenden Wiesen. Jeder Ausländer bewundert die Schweiz, kein Zweifel, aber die meisten tun das lieber von außen.

Schülerstimme: Die Schweiz scheint mir das am besten organisierte Land Europas; alles funktioniert gut, pünktlich ... damit die Bürger ein bequemes Leben haben. Trotzdem würde ich nie dort leben. Ich finde das Leben dort langweilig, in sich geschlossen ... Ich finde außerdem, daß die Schweizer ihr Leben zu sehr mit der Arbeit identifizieren ... Was denken Sie, Herr Tell, über die heutige politische Isolation der Schweiz?

Tell: Mit den Problemen der heutigen Schweiz müssen die Schweizer allein fertigwerden. Nur sie können ihr Staatswesen verantworten. Es gibt keine Berufung auf die Vergangenheit.

Zweiter Auslandschweizer: Warum feiern wir denn die 700 Jahre Eidgenossenschaft? Sie widersprechen sich selbst. Haben Sie nicht des öfteren auf Ihre Heldentat hingewiesen?

Tell: ... nur um zu zeigen, daß das, was damals geschah, mit der heutigen Lage nichts zu tun hat. Um es erneut und deutlicher zu sagen: Ich bin kein Schweizer!

Konsulatsangestellter (stürmt keuchend in den Saal): Endlich haben wir Sie, Herr Tell! Sie müssen Ihre AHV-Beiträge für die vergangenen fünf Jahrhunderte nachzahlen ... leider können wir nicht weiter zurückgehen.

Zu den Autorinnen und Autoren

GEORGES BORGEAUD
1914 in Lausanne geboren. Lebt und schreibt in Paris und im Aubiac. Professor, Bibliothekar und Schriftsteller.
1952 *Le préau*, Roman
1959 *La vaisselle des évèques*, Roman
1969 *Italiques*, Reisenotizen
1974 *Le voyage à l'étranger*, Roman
1986 *Le soleil sur Aubiac*, Roman

ALICE CERESA
1923 in Basel geboren. Lebt seit 1950 als Verlagslektorin und Schriftstellerin in Rom.
1967 *La figlia prodiga*, Roman
1979 *La morte del padre*, Erzählung
1990 *Bambine*, Roman

YLA MARGRIT VON DACH
1946 in Lyss geboren, lebt in Biel und Paris, arbeitet als Schriftstellerin, Übersetzerin (Monique Laederach, Catherine Safonoff, Marie-Claire Dewarrat, Jean-Michel Thibaux u. a.) sowie im zeichnerisch-graphischen Bereich (Kalligraphie).
1982 *Geschichten vom Fräulein*
1990 *Niemands Tage-Buch*

Ursicin G. G. Derungs
1935 in Villa (GR) geboren, Studium der Philosophie und Theologie in Nossadunnaun, Rom und Tübingen. Unterrichtet an der Schweizerschule in Mailand.
1983 *Il saltar dils morts*, Erzählungen
1984 *Siemi da mesastad*, Theaterstück
1988 *Il cavalut verd*, Erzählungen
Erzählungen und Essays in verschiedenen Zeitschriften

Jürg Federspiel
1931 in Kemptthal geboren, lebt in Zürich und New York
Wichtigste Werke:
1961 *Orangen und Tode*, Erzählungen
1963 *Massaker im Mond*, Roman
1965 *Der Mann, der Glück brachte*, Erzählungen
1969 *Museum des Hasses*, Tage in Manhattan
1981 *Die Ballade der Typhoid Mary*, Roman
1983 *Wahn und Müll*, Berichte und Gedichte
1985 *Die Liebe ist eine Himmelsmacht*, 12 Fabeln
1989 *Geographie der Lust*, Roman

Hugo Loetscher
1929 in Zürich geboren, Studium der politischen Philosophie, Soziologie, Wirtschaftsgeschichte. Journalist, Publizist und Schriftsteller. Längere Aufenthalte in Lateinamerika, den USA und Asien, lebt sonst in Zürich.
1963 *Abwässer*, Roman
1964 *Die Kranzflechterin*, Roman
1967 *Noah*, Roman einer Konjunktur
1975 *Der Immune* Roman
1979 *Wunderwelt, Eine brasilianische Begegnung*, Roman
1982 *Herbst in der Großen Orange*, Roman
1983 *Der Waschküchenschlüssel und andere Helvetica*, Geschichten
1986 *Die Papiere des Immunen*, Roman
1990 *Die Fliege und die Suppe*, Fabeln

Paul Nizon
1929 in Bern geboren, Studium der Kunstgeschichte in Bern und München, lebt seit 1977 in Paris.
Wichtigste Werke:
1963 *Canto*, Roman
1970 *Diskurs in der Enge*, Essay
1971 *Im Hause enden die Geschichten*
1972 *Untertauchen*, Protokoll einer Reise
1975 *Stolz*, Roman
1981 *Das Jahr der Liebe*, Roman
1985 *Am Schreiben gehen*, Frankfurter Vorlesungen
1989 *Im Bauch des Wals*, Caprichos

Kuno Raeber
1922 in Klingnau geboren, Studium der Germanistik, Philosophie und Geschichte. Lebte und arbeitete in Rom, Tübingen, Hamburg und in Ohio/USA, seit 1958 in München.
1960 *Die Lügner sind ehrlich*, Roman
Gedichte
1968 *Mißverständnisse* – 33 Kapitel
1973 *Alexius unter der Treppe*, Roman
1981 *Das Ei*, Roman
1985 *Abgewandt Zugewandt*, Gedichte
1989 *Sacco di Roma*, Roman
Bocksweg, Theaterstück

Beat Sterchi
1949 in Bern geboren, Studium der englischen Literatur in Kanada. Lebt und schreibt in Bern und Chiva de Morella/Spanien.
1983 *Blösch*, Roman
1985 *Skizzen aus einem spanischen Dorf*
1988 *Dr Sudu*, Theaterstück
1990 *Äm Gessler sy Huet*, Theaterstück

Alice Vollenweider
1929 in Zürich geboren. Studium der Romanistik. Lebt in Zürich und Roveredo (GR).
Übersetzungen aus dem Italienischen
Literaturkritische Aufsätze zur zeitgenössischen Literatur Italiens und der italienischen Schweiz in der «Neuen Zürcher Zeitung»
Herausgeberin der Anthologie *Italienische Reise* und von *Italiens Provinzen und ihre Küche*

Laurent Wolf
1944 in La Chaux-de-Fonds geboren, Studium der Soziologie. Lebt seit 1968 in Paris. Lehraufträge an verschiedenen Pariser Universitäten. Malt seit 1970.
Wichtigste Publikationen:
1972 *Idéologie et production: le Design*
1975 *Permutations, carnets d'une exposition*